明心寶鑑 명심보감

시인이 들려주는

이야기

明心寶鑑 명심보감

시인이 들려주는

이야기

박정규 講解

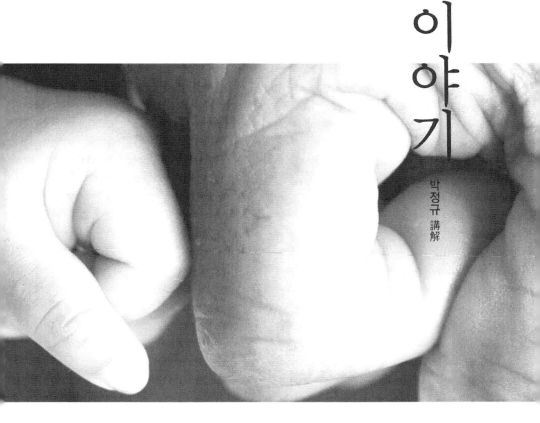

이담 Books

들어가는 말

　명심보감은 흔한 책이다. 내용도 평범한데, 이 문자의 그물망 안에는 묘한 펄떡거림이 있다. 명심明心과 수신修身의 허기를 채워줄 토실토실한 물고기들. 건져내는 일도 어렵지 않다. 그래서 귀하다. 예로부터 세상의 심각한 일들은 모두 마음의 문제에서 발생해왔다. 그런데 책의 제목이 '밝게 마음을 살펴볼 수 있는 보물'이라니. 명나라 홍무洪武 26년(1393)의 시대 상황에서 유학자儒學者 범립본范立本은 어떤 성찰과 고민을 가지고 있었을까? 왜 굳이 사서史書, 제자諸子, 경전經典, 문집文集의 귀감이면서도 설명이 쉽고 구체적인 것들만 발췌해서 이 책을 만들었을까? 실천에 망설임이 없도록 하기 위한 의도였을까? 그 궁금증을 새롭게 한번 풀어보기로 했다.

　시 창작법을 가르칠 때면 늘 이렇게 말한다. 한 편의 시에 생애의 모든 경험을 다 담으려 진땀 흘리지 말라고. 어떤 사물과 대상을 관찰하며 갖게 된 숙성된 인식, 그것 하나만을 시 언어로 형상화시켜 놓으라고. 과거의 기억과 현재의 삶과 미래에 대한 예측까지 다 쏟아넣어버리면, 앞으로는 무엇을 재료로 해서 시를 쓰겠느냐며 오히려 되묻기도 한다. 그런데 이상하기도 하지. 『시인이 들려주는 明心寶鑑 이야기』를 쓰다 보니 간직했던 기억과 다가올 시간에 대한 기대까지

다 꺼내놓게 됐다. 그래도 잊지 않는 것은, 지나간 일에 얽매임은 집착이며 오늘을 도외시한 미래의 꿈은 환상일 수밖에 없다는 사실이다. 호흡이 멈추는 순간까지 우리는 지금, 현재를 살고 있기 때문이다. 마주하는 이 시간을 소중하게 여기면 후회할 지나간 일들도 담담하게 반추反芻할 수 있다. 아직 다가오지 않은 미래조차 밝게 상상할 수 있다. 전제조건은 단 한 가지뿐이다. 삶을 대하는 태도에서 그 마음가짐과 행동의 선하고 반듯함을 바로 지금 실천하겠다는 의지. 이 명심보감을 통해서 그런 힘을 얻기 바란다.

시인은 사실 이 책을 코흘리개 때부터 읽어야 했다. 그럴 수밖에 없었다. 선조부께서는 독자로 2대代를 잇게 된 시골선비이셨고, 그분의 장손으로 태어났으니, 아주 당연하게, 그 슬하에서 양육됐다. 그렇게 철이 들었다. 책을 펼쳐든 그대가 아직 젊은이라면 이 말이 낯설겠지. 그러나 당시 반상班常을 구별하던 흔적이 남아있고 대 잇는 일을 소중하게 여기던 집안에서는 일반적인 일이었다. 또 살아오는 동안 시를 쓰게 됐다. 이 글을 쓰면서도 생각했다. 내 삶의 길을 정녕 시인의 마음가짐으로 걸어온 것일까? 이 책의 뜻도 헤아려볼 수는 있는데, 여기서 강조하는 선善과 인仁과 덕德 쌓는 일을 제대로 행行하며 살아왔을까. 둘 다 자신 있게 대답할 수는 없다. 다만 한 가지는 명심하고 있었다. 총애 받으며 자랐던 인간의 방자함은 은연중에라도 노출하지 말자고. 내 성품의 기질을 간파하고 있었기 때문이다. 허탄한 것에 뜻을 두지 않는 기독교인의 정체성을 흩지 않기 위한 노력이었을수도 있다. 그러나 존재로서의 흔적은 여전히 미미하다. 이걸 아쉬워하다가 문득, 그렇다면 내 삶의 존엄성과 가치도 그렇게 보잘것없는가 물으며 혼자 웃기도 한다. 내 두 아들과의 소통에 게으르지 않았고(이것이 제일 큰 보람이다), 스스로는 안빈낙도安貧樂道에 대한 이해와 수긍, 즉 섭리에 대한 흔들리지 않는 믿음이 있으며, 타인의 시선을 별로 마음에 두지 않는 긍지가 있으니 이만하면 충분하지 않겠느냐며.

지금은 종교도 문화로 여기는 세상이 됐다. 어떤 이들에겐 좀 고상한 삶을 영위하기 위한 수단이 된 것 같기도 하다. 많은 종교지도자들조차 현실의 현상에만 집중할 뿐 영혼의 문제는 방관하고 싶은 것처럼 보인다. 혹시 그대는 여기에 대해서 반박하고 싶은지. 그렇다면, 그리고 나 혼자서만 예민해져 있는 것이라면 참 다행이겠다. 왜 이렇게 말하느냐고? 지금 이 세상의 세계에 살고 있는 우리들 마음상태가 너무 황폐해진 것 같아서 염려스럽기 때문이다. 이것을 실감하고 있어야 할 사람들까지 추구해야 할 가치의 총체가 물질이라고 강조할 때는 좀 어지럽기도 하다. 시인은 그렇게 많이 굴절되지는 않은 시선으로 사물과 대상을 바라볼 수 있다. 그런 시각에서 편견 없이 바라볼 때도 각 개인의 가치관과 종교까지 이것을 향한 독선에 치우친 경우가 많아졌음을 느낀다. 이것이 사실이라면 생각하는 사람들은 여기에 대한 방안을 찾아봐야 하지 않겠는가. 교육 전반에 대한 정렬과 정리도 필요할 테고. 그러나 이는 개인의 힘만으로 가능한 게 아니다. 오늘날의 교육은 단지 부의 축적수단으로 전락한 지 오래니까. 지식과 기능의 힘을 쌓아 성취의 결실을 움켜쥔 이들도 섬기고 나누는 것에는 관심이 없고, 수신제가의 의미에 대해서도 잘 알려고 하지 않으니까. 그걸 고민하다가 명심보감을 펼쳐들었다. 너무 흔한 책이어서 시답잖을 수도 있겠지만, 그러나 현대인들의 건조한 성품을 닦는 이정표로 모자람이 없다고 여겨진 때문이다. 여기에 현재의 색깔로 덧칠을 해서 보여주고 싶었다. 읽고 어떤 한 사람이 변화하면, 그가 속해 있는 세계의 세상도 따라서 변화할 것이라고 시인은 믿으니까. 그대는 이 말을 관념으로 여기지 않기 바란다. 이 책을 읽은 후 마음을 변화시켜 덕 쌓는 일을 행동으로 실천하겠다고 결심해주면 좋겠다. 그렇게 해준다면 이 책을 새롭게 강해講解한 일이 내 생애에서 맛보는 보람과 긍지의 한 부분이 될 것이다. 사람을 변화시키는 동기부여의 역할을 할 수 있었다고 기뻐하면서.

서두에서도 말했지만 명심보감은 누구나 한두 번씩은 읽어보는 책이다. 그러나 마음을 밝힐 수 있는 교훈을 집대성해 놓은 보물이기도 하다. 시인은 아직 어렸을 때부터 이 책을 거의 암송할 만큼 여러 번 읽었다. 그렇다고 대단한 한학漢學의 학습을 했던 것은 아니다. 생존해 계실 때의 선조부께서는 자주 앞에 앉혀놓고 공맹孔孟과 주자朱子를 강講하셨는데, 그것을 성장기의 몇 년 동안 경청敬聽했던 기억을 간직하고 있을 뿐이다. 그중에는 『자치통감강목資治通鑑綱目』도 있다. 어린 아이에게 『춘추春秋』와 『강목』은 가당치 않은 것이라고 말씀하셨으나, 이 손자가 거기에 호기심을 보이자 닫기보다는 오히려 활짝 열어놓으셨다. 어설프게나마 역사에 대한 안목眼目을 지닐 수 있게 된 까닭이다. 이처럼 그분은 언제나, 어떤 일에도 내 편이 되어주시리라는 믿음을 갖게 하셨다. 그랬으므로 내리시던 말씀 하나하나를 소홀히 대할 수 없었다. 진심으로 할아버지를 존경했기 때문이다. 돌아가신 지 오래됐어도 생각해보면 어머니만큼이나 그리운 분이다. 선조부께서는 유교경전에 익숙하셨지만, 시인은 기독교인이다. 두 아들을 양육한다. 이들이 조금 더 장성하여 가정을 이루고 자녀들을 낳았을 때, 내 할아버지께서 하셨던 것처럼 그 아이들을 무릎에 앉혀놓고 성경을 읽어주고 싶다. 그런 소망이 있다.

　하루가 눈 깜짝할 사이에 지나간다. 과학의 진보도 마찬가지다. 이제 걷잡을 수조차 없다. 우리 삶의 모습도 여기에 따라 흔들릴 때가 많다. 이런 세상에 섞여 살기 위해서는 물론 삶의 패러다임도 바뀌어야겠지. 그러나 이런 와중에 우리 마음과 우리 영혼은 어떤 호흡을 어떻게 해야 할까. 그것을 생각하다가 이런 옛글에 시인의 아날로그적 감수성과 상상력을 덧붙여서 세상에 내보내게 됐다. 이 책을 펼쳐든 그대에게 한 가지를 요구한다면 이렇다. 직역의 전달에서 받는 '단순한 실감(그런가 보다 하는 방관)'보다는 쉬운 말로 의역처럼 덧붙이는 시인의 감수성에 '적극적으로 공감(실천의지)'해 달라는 것.

　참고로, 책의 각 단원 제목을 임의로 만들어서 붙였다. 기존의 제목들은 부제로 사용했다. 마음의 양식이 필요할 때면 차례를 살펴서 공급받을 수 있는 부분을 펼쳐 보라는 뜻이다. 그때마다 이 책의 내용들에 덧붙인 시인의 이야기가 그대의 허기진 마음을 쪼개며 스며들어갈 수 있기를 기대한다. 또 끝 단원들 중에서 현실과는 동떨어진, 낯설고 불필요한 격식이 강조된 몇 부분은 생략했다는 것도 알려둔다.

　　　　　　　　　　　2011. 초여름을 지나며
　　　　　　　　　　　천마산 자락 오남 둥지에서
　　　　　　　　　　　박정규

Intro Cadenza

Spectrum

젖 떼고 얼마 지나지 않아 그 품에서 떨어졌다. 어머니 냄새에서의 분리分離. 대신 할아버지 무릎이 보금자리였다.

그리움을 맛보면서 동시에, 존경심에 대해서도 알게 됐다.

Section

아내가 가꾸던 이 가정의 텃밭에 소프라노의 뜰이라는 제목을 붙였다. 뜰에, 싹 두 개가 돋아 줄기가 되더니 이제 튼튼한 기둥으로 자라고 있다. 하나는 종려나무처럼 풍성하고 또 하나는 백향목처럼 우뚝하리라.

With act

종려나무와 백향목이 시냇가에 서면, 그 뿌리에서 곧 싹들이 돋아날 것이다. 그때 그 싹들을 무릎에 앉혀놓고 성경을 읽어줘야겠다. 내 할아버지께서 옛글을 읽어주셨던 것처럼.

저 높은 곳을 바라보는 소망과 누림이 무엇인지 조금씩 알게 된다. 내 비록 시인이라고 호칭되지만, 그러나 먼저 창조주의 선한 뜻[攝理]에 저항하는 성품의 어리석음과 맞서 싸우는 전사戰士이고 싶다. 다윗의 시詩가 이런 의지를 더욱 북돋는다.

目 錄

第 一 篇 착하게 살자(繼善篇)

어느 누구 할 것 없이 다 각자의 삶에 즐거움과 쾌락이 충족되기를 원한다. 특히 어떤 부분에서의 충족감이 채워지지 않았을 때는 참아 내지 못하는 경우도 있다. 충족은 살아갈 수 있는 에너지를 만들어내기 때문이다. 이 충족을 위해서 사람은 별별 짓도 다 할 수 있다. 이기利己에 지배받을 때는 더욱 그렇다.

그러나 삶이 즐거워질 수 있는 아주 단순한 방법이 있다. 이타利他로 생각의 방향을 전환시키는 일이다. 먼저 아주 작은 착한 일이라도 그걸 의식적으로 실천해 보라. 그대도 여러 번 느껴봤을 테지. 그때는 그냥 마음이 즐겁다는 것을. 그런데 그 정도로는 만족할 수 없다고? 그렇다면 '마음의 선한 뜻'을 매일 '행동의 실천'으로 옮겨보는 것은 어떻겠는지. 아예 의식하지 않아도 행해지는 습관으로 만들면 더 좋을 테고. 마음의 선한 뜻은 '자신의 책임과 의무를 올곧게 행하겠다는 의지'를 말한다. 이를 좀 작은 부분으로 나누어서 더 구체적으로 말한다면, 공동체의 아주 사소한 일이라도 돕고 힘이 되겠다는 실천 의식이다.

시인이 살아오면서 실감한 사실 하나가 있다. 착하고 어질고 사람의 도리에 관한 원칙이 분명하고, 이를 행하는 일에 흔들림이 없고, 아주 사소한 일조차도 소홀히 하지 않는 사람은 결국 뭇사람의 존경을 받게 되더라는 것.

이 계선繼善 편에서 강조하는 것도 위와 같다. 우리가 걷는 생애의 길 위에서 선善을 행하는 일은 멈출 수 없다고.

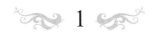

1

子曰 爲善者 天報之以福 爲不善者 天報之以禍
자왈 위선자 천보지이복 위불선자 천보지이화

"착한 사람에게는 하늘이 반드시 복으로 보답하나 선을 세우지 않는 자에게는 반드시 화가 찾아오느니."

한자어로 사람 인人 자子를 한번 써보자. 아주 쉽게 써지는 이 문자기호는 작대기들이 서로에게 기대고 서 있는 모습을 형상화한 것이다. 사실 작대기는 별것도 아니다. 그런데 세워서 기대게 해놓고 보면, 이 공간에는 넉넉함이 가득해진다. 여기에 담긴 의미는, 상대를 기대게 하고 기댈 수 있을 때에야 비로소 사람다운 사람이 될 수 있다는 뜻이다. 그렇다면 우리는 정녕 이런 넉넉함을 얼마나 만들어봤을까. 기대어야 할 때 기대지 않고, 기대려는 상대를 기대게 하지도 않음은 우리의 하찮은 자존심과 성품의 각박함 때문인 것을 알고는 있었을까.

우리의 주변과 속해 있는 공동체를 다시 살펴보자. 착하지도 않고, 별로 잘나지도 못한 작대기들이 오히려 혼자 우뚝하고 싶어 하면서도 실상은 늘 자빠지는 모습을 많이 볼 수 있을 것이다. 또 굳이 악하다고 할 수는 없지만, 지식이나 학문의 깊이가 만만치 않고 자의식까지 강해서 사람을 얕보거나 무심한 태도를 은연중에 노출하는 경우도 있다. 얼마 전에 깨달은 사실인데, 어쩌면 시인도 같은 부류에 속했던 인간인지 모르겠다. 사회적 신분은 정말 그런 태도가 가당찮을 만큼 내세울 것이 없었는데도 말이다. 우리의 이런 상태가 지속된다면 앞으로 만들어가는 관계성에서의 결과는 무엇일까. 주변에 진심과 성의를 담은 친밀감을 갖고 다가설 사람은 없을 것이 아닐까. 혹시 누군가 있더라도 거기에 내보이는 반응은 무덤덤한 것일 테니까. 이런 기질을 그러나 스스로 아무렇지 않게 여긴다는 사실은 두려운 일이다. 누구를 기대게 하지 않으니 당연히 기댈 생각도 않는다는 것. 섞여 살아야 하는 존재로서 사람의 가치는 이미 상실했을지도 모른다. 겨우 남은 게 있다면 혼자 우뚝하거나 혼자 고고하다는 자의식뿐이겠지. 그대와 나는 여기에 대해서 생각하고 또 생각해봐야 할 것이다.

　반면에 선한 사람은 자기를 크게 돋보일 필요조차 느끼지 않는다. 다만 성의를 다해 누구든지 기대게 한다. 사실은 이것이 성숙이고 선함이다. 당사자는 의식조차 하지 않겠지만. 그렇다 보니 또 자신이 약해졌을 때는 어깨와 등을 내주는 곳이 많다. 이런 사람에게 굳이 외부적인 성공여부를 따질 필요가 있을까. 그냥 그 삶의 태도가 착하고 아름답다 일컬으면 될 일. 그러니까 우리는 이제라도 작은 것부터 실천해보면 어떻겠는지. 우선 표정과 눈빛을 착하게 만들어보자. 누구든 편하게 기댈 수 있도록. 그 다음에는 음성도 온유하고 부드럽고 밝게. 응? 그대의 표정과 눈빛과 음성이 이미 그렇다고? 가끔은 주변을 까르르 숨넘어가게 하는 푼수도 떨고? 그럼 그대는 복 있는 사람이다. 그런 태도야말로 공동체에 웃음의 기쁨과 행복을 만들어내는 참 귀한 존재라는 증거이니까. 만약 '어떤 자리'에 있는 어떤 사람이, 기품과 고상함을 갖춰야겠답시고 대상에 대한 친밀함과 격의 없음을 가둬두고 있다면 그것은 허세일 수 있다. 선을 만들어가는 일과는 상관이 없다는 말을 덧붙인다. 기품은 '폼' 잡는다고 만들어지는 것이 아니기 때문이다.

漢昭烈 裝終 勅後主曰 勿以善小而不爲 勿以惡小而爲之
한소열 장종 측후주왈 물이선소이불위 물이악소이위지

**"착한 일이 작다고 하지 않는 것과,
악한 일이 작다고 행하면 아니 될 것이니라."**

지금도 권력자는 전지전능한 척할 때가 많다. 하물며 당시의 제왕은 백성의 생명까지 좌지우지할 수 있는 절대자였다. 눈높이가 일반인과 다를 수밖에 없었다. 그러나 유비(한소열漢昭烈 왕王, A.D. 161~223)는 빈곤함과 우여곡절 끝에 몸을 일으켜 한 국가를 경영했던 사람이다. 그래서 저런 통찰을 갖게 됐을 것이다. 지극히 평범하지만 범상치 않은 유언을 남겼다. 마태복음 25장 21~23절에도 달란트 비유로 기록된 말씀이 있다. "착하고 충성된 종아, 네가 작은 일에 충성하였으매 내가 많은 것으로 네게 맡기리니 네 주인의 즐거움에 참여할 지어다"라는 선언이 선포되는 장면. 이처럼 유비는 사소하게 여겨질 작은 일도 소홀히 하지 않으며, 사람과 대상을 대하는 일에서 성의를 다해야 한다는 유언을 아들에게 남기고 싶었던가 보다.

莊子曰 一日不念善 諸惡皆自起

장자왈 일일불념선 제악개자기

"매일 선을 생각하지 않으면 악은 저절로 일어서느니."

장자(BC. 365~290)는 전국시대의 사상가다. 노자의 도道를 발전시켜 노장사상老莊思想의 뿌리를 내렸다. 이름은 주周. 남화진인南華眞人이라는 호를 썼기에 그의 저서를 남화경이라고 한다.

위 교훈의 뜻은 무엇일까. 매일 선을 행하지 않으면 악은 정말 저절로 일어서는 것일까. 생각은 행동을 부르고 또 다스린다. 한 사람의 생각과 마음을 타인은 들여다볼 수 없다. 느낌으로 판단하기도 힘들다. 어떤 사람의 표정이 겉으로는 웃는 느낌이었나. 그러나 속으로는 남몰래 눈물을 떨어뜨리는 경우도 있다. 그렇더라도 사람은 외부에 내보여지는 말투와 태도, 즉 행동의 기반을 통해서 그가 어떤 사람이며, 어떤 상태에 있다는 평가를 받을 수밖에 없다. 그러므로 잊지 말아야 한다. 행함의 기반은 생각이며, 이 생각의 습관은 반드시 행동으로 나타난다는 것을. 이제부터는 매일매일 선한 것을 생각하도록 하자. 아름다운 글을 읽는 것도 도움이 된다. 이 습관을 키워나가면 우리 삶의 태도에서는 눈에 보이지 않는 향기가 은은히 풍기게 될 것이다.

4

太公曰 見善如渴 聞惡如聾 又曰 善事須貪 惡事莫樂
태공왈 견선여갈 문악여롱 우왈 선사수탐 악사막락

**태공이 말했다. "선한 일 보기를 갈증에 물 찾는 것처럼 하라.
악한 소문에는 귀머거리가 되라." 다시 또 말했다.
"선한 일은 힘껏 탐내고 악한 일은 절대 즐기지 말라."**

그대도 마찬가지 경험을 해봤겠지. 배고픔보다 목마름이 더 견디기 힘들더라는 것. 오랫동안의 답답한 시간을 이겨낸 경험 때문일까. 위의 문장에는 목마름의 막막함과 갈증 해소의 간절함이 비유로 사용됐다. 태공은 문·무왕을 도와 나라의 기틀을 세운 주周나라 초기의 현자賢者였다. 기다림의 세월 동안 갖가지 목마름을 맛보며 인내심을 깊이 체득했을 사람이다. 그런 까닭에서인지 선을 강조하는 말 또한 예사롭지 않다. 우여곡절의 시간을 견디다 보면 별별 생각이 다 떠오른다. 육신의 정욕과 재리財利를 위해서 이름 석 자 더럽혀진들 무슨 상관이냐는, 이런 종류의 악한 생각과 유혹들. 이것을 물리치는 일이 얼마나 힘들 것인지 그대가 싱싱은 해봤을까. 이것은 외부로 노출되는 것보다 내부에서 더 크게 발동한다. 여기 조금이라도 반응하면, 이건 또 그냥 사람을 옭아매 버린다. 태공의 저서로는 『육도六韜』가 있다. 이런 내외의 적들과 싸워 이길 수 있는 심리적 지침을 담은 병법서이다.

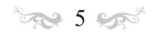

馬援曰 終身行善 善猶不足 一日行惡 惡自有餘
마원왈 종신행선 선유부족 일일행악 악자유여

**"일생 선을 행해도 오히려 부족하거늘
단 하루만의 악한 일은 여전히 남는구나."**

마원은 후한後漢 때의 장군이다. 흉노 토벌에 혁혁한 무공을 세워 복파장군伏波將軍에 봉해졌다.

이 글을 읽으며 생각했다. 일생 걷는 삶의 길을 어떤 분별력으로 걸어야 할까. 어떤 섬김과 나눔에 힘을 쏟아야 후회가 없을까. 저 단순한 문장이 시인이 지닌 생각의 방향과 걷고 있는 길의 발자취를 다시 살펴보게 한다.

司馬溫公曰 積金以遺子孫 未必子孫能盡守 積書以遺子孫 未必子
사마온공왈 적금이유자손 미필자손능진수 적서이유자손 미필자
孫能盡讀 不如積陰德旅冥冥之中 以爲子孫之計也
손능진독 불여적음덕여명명지중 이위자손지계야

"많은 재물을 물려준들 자손들이 다 지킬 수는 있을까.
많은 책을 전해준들 자손들이 다 읽기는 할까.
이 모두가 보이지 않게 덕을 쌓아두는 일에는 미치지 못한다.
진정 자손을 위한 계책은 이것뿐이라."

사마온 공(1019~1086)의 이름은 광光이다. 북송北宋 때의 학자로서 통치의 규범으로 삼을 만한 역대의 사실史實을 기록해 놓은 『자치통감 資治通鑑』이라는 유명한 서책書冊의 저자이기도 하다. 성리학을 세운 주자朱子는 그 책에 별도의 강목綱目을 붙여 『자치통감강목』이라는 책을 편찬해내기도 했다. 사마온 공이라는 호칭은 그의 시호諡號 태사온국공太師溫國公에서 따온 말이다.

위 문장에는 사람의 본질에 대한 통찰은 물론 후손들이 복을 누리며 살기를 원하는 염원과 그 실현을 위해서 부모가 해야 할 일의 실천방안이 제시되어 있다.

많은 재산을 물려준들 후손이 그것을 잘 지킬 수 있을지 의문이라는 말은 앞으로의 상황을 예측한 분별력이다. 또 많은 책을 전해준들 이를 다 읽기는 하겠느냐는 질문은 사람의 성품에 대한 통찰이다. 우선 이 두 가지 내용에 대해서 이야기해보자. 어떤 사람이 어떤 날, (물질 사용의 방법도 제대로 알지 못하면서) 많은 재물을 물려받게 됐다. 그때 만들어지는 심리상태는 무엇일까. 자기가 노력하지도 않고 얻게 된 재물이니 어느 정도의 방심이 아닐까. 정말 방심한다면 잘 관리하기가 쉽지 않겠지. 그러다가 잃어버리게 되면? 분노와 낙심이 따라붙을 것이다. 부모의 유산을 탕진했다는 자책감에 긍지를 잃을 수도 있다(우리가 이런 사람을 만났을 경우 가장 유의해야 할 부분이다). 심리상태가 출렁거리게 된 상황에서는 이 근처가 제일 위험하다. 우울증이나 자기포기의 자살, 혹은 그것을 잊고자 무분별한 쾌락에 빠져들 염려 때문이다. 관계성에서는 극도의 공격성을 내보일 수도 있다. 그대에게도 이런 상태인 사람의 멘토(mento)로 역할이 요구될 경우가 생길지 모른다. 그때는 반드시 이 부분을 유념하도록. 그런 상황 속에서는 반드시 원칙에 엄격한 태도를 취해야 한다. 여기에서 말한 원칙은 자신에게 맡겨진 역할감당에서 고집을 앞세운 독자성이 아니라, 공감과 소통의 보편성에 충실한 것을 말한다.

또 책을 전해준다는 것을 다른 표현으로 하면 교육에 몰두시킨다는 말이다. 오늘날의 교육현실을 살펴보면 이 뜻은 더욱 분명해진다. 그러나 그렇게 애써서 공부시킨다 한들, 그만큼 복된 삶을 살 것이라고 자신 있게 장담할 수 있을까. 물론 각자가 지닌 가치추구의 방식에 따라 답변이 달라지겠지. 그런데 사마온 공은 '부모로서 자녀의 삶이 평강하기를 위한 최선의 투자는 남들이 모르게 쌓는 덕'이라고 했다. 이것은 진정성을 가지고 섬기며 나누는 일을 말한다. '오른손이 한 것을 왼손이 모르게 하라'는 성경 말씀과 '사람이 착한 일을 하면 하늘은 반드시 복으로 보답(위선자 천보지이복爲善者 天報之以福)한다'고 이 단원의 첫 단락에서 공자가 한 말과도 부합된다. 자녀의 삶이 정녕 아름답고 행복하기를 원하는 부모들은 위 내용을 깊이 생각해볼 일이다.

7

景行錄曰 恩義廣施 人生何處 不相逢 讐怨莫結 路逢狹處 難
回避

경행록왈 은의광시 인생하처 불상봉 수원막결 노봉협처 난회피

**"널리 베풀라. 언제 어디서 누구와 어떻게 만날지 알 수 없기 때문이다.
혹여 원수를 맺은 사람과 좁고 험한 길에서 마주치면
어찌 피할 수 있으리오."**

『경행록景行錄』은 송나라 때 만들어진 책이다. 행동을 밝고 떳떳하게
하라는 내용을 담고 있다. 그 책에서 따온 윗글은 은의를 베풀며 사
는 것을 삶의 원칙으로 삼으라는 훈계이다. 은의恩義는 너그러움과 올
바름이다. 즉 사람을 대하는 태도가 따뜻하고 반듯함을 말한다. 인지
상정人之常情은 상대의 반응에 따라 방식이 달라질 수 있지만 그 원칙은
변하는 것이 아니다. 으뜸의 원칙은 은의를 베푸는 것이다.

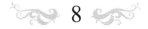

8

莊子曰 於我善者 我亦善之 於我惡者 我亦善之 我既於人 無
惡 人能於我 無惡哉

장자왈 어아선자 아역선지 어아악자 아역선지 아기어인 무악 인
능어아 무악재

**"내게 착한 사람을 착하게 대하고, 내게 악한 사람도 착하게 대한다.
악하게 대한 일 없으니, 남들 또한 나를 악하게 대하는 일이 없으리라."**

장자의 이 글을 읽으며 느꼈다. 사람을 참 낭만적으로 생각했다고. 이처럼 악한 사람까지 변함없이 착하게 대할 수 있는 처세법을 무엇이라고 표현할까. 현대적 가치기준에서 속어로 말한다면 바보수준이 되라는 것이겠지. 그런데 묘한 것이 있다. 이 바보수준의 사람들이 오히려 만만치도 않고 범상치도 않더라는 사실. 이들은 자기가 '받아들여' 정해놓은 선한 원칙에 흔들림이 없다.

마태복음 5장 8절에 이런 말씀이 있다. "마음이 청결한 자는 복이 있나니 저희가 하나님을 볼 것임이요." 여기서 마음이 청결한 자는 어떤 사람을 말하는 걸까. 마음이 정직한? 이해타산에 얽매이지 않는? 처신이 반듯한? 언행일치의? 이 부분을 더 자세히 설명한다면 다음과 같다. 누가 있든 없든, 보든 말든, 판단하든 말든, 자기가 받아들인 원칙에 흔들림 없이 늘 한결같게 내면의 선한 뜻을 굳건하게 유지하는 것. 마음의 청결함에 관한 이야기에 그대도 동의했을 것이라고 믿는다.

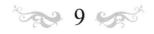

9

東岳聖帝垂訓曰 一日行善 福雖未至 禍自遠矣 一日行惡 禍
雖未至 福者遠矣
동악성제수훈왈 일일행선 복수미지 화자원의 일일행악 화수미지

복자원의

行善之人 如春園之草 不見其長 日有所增
행선지인 여춘원지초 불견기장 일유소증
行惡之人 如磨刀之石 不見其損 日有所虧
행악지인 여마도지석 불견기손 일류소휴

"하루의 선한 일에 복이 미처 이르지 못했을지언정 화는 저절로 물러간다. 하루의 악한 일에 화가 차마 다가서지 못한들 복은 스스로 물러간다. 착한 사람의 일은 마치 봄날의 정원에 풀이 자라남과 같다. 보이지 않지만 날마다 커진다. 악한 자의 일 또한 마찬가지이다. 숫돌 닳는 것이 보이지 않아도 결국은 닳아 없어지는 것과 같다."

10

子曰 見善如不及 見不善如探湯
자왈 견선여불급 견불선여탐탕

"착한 일을 보면 내 선행이 거기 미치지 못하는 까닭을 살펴보고(반성하고) 악한 일을 볼 때는 끓는 물에 빠진 것처럼 여겨라(피하라)."

　공자의 비유가 참 재미있다. 선한 것을 보면 자신의 선행이 거기 미치지 못함을 아쉬워하되 선하지 않은 것을 볼 때는 탐탕探湯이라니. 탐탕은 끓는 물에 빠진 것을 말한다. 물론 과장법이다. 그렇지만 아차, 하는 순간 끓는 물에 손끝이 닿았다는 상상을 해보자. 뜨거워서 어쩔

줄 모를 것이다. 아주 살짝 닿았다 해도 놀라서 호들갑을 떨지 않겠는
가. 악을 대할 때 이처럼 호들갑 떠는 태도를 보이라는 문장을 쓴 걸
보면 저분은 상당한 유머감각까지 지녔었나 보다. 시인 혼자만의 상상
에 덩달아 웃었는지. 그렇다면 그대 역시 아주 상상력이 풍부한 사람
이다. 반드시 견불선여탐탕見不善如探湯 할 수 있으리라.

第二篇 하늘의 뜻은 무엇일까(天命篇)

천명天命이란 문자 그대로 하늘의 뜻을 말한다. 다른 말로는 섭리攝理라고도 한다. 이 천명 편의 내용은 유교의 천명사상이 바탕이다. 천명이 곧 진리이며 거기에 따르는 것이 사람의 도리임을 강조하고 있다. 유교에서 강조하는 도덕기준의 귀결歸結은 권선징악勸善懲惡이다. 대부분의 종교에서 추구하는 도덕적 가치기준(입장 차이는 있겠으나)과 크게 다르지 않다. 따라서 사람이 천도天道를 따라 살겠다는 것은 선한 삶을 살겠다고 작정했다는 선언의 의미를 담는다. 그렇게 함으로써 사람은 금수禽獸가 아닌, 사람으로서의 삶을 살아갈 수 있다는 가르침이 천명天命 편의 내용이다.

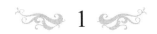

1

子曰 順天者存 逆天者亡
자왈 순천자존 역천자망

"하늘의 뜻에 따르는 자 살고 거역하는 자 망한다."

　많이 들어본 교훈일 것이다. 그렇다면 질문을 한번 해봐야겠다. 하늘의 뜻이 무엇이라는 인식을 갖고 있는지. 비록 거기에 대한 신중한 견해가 있지만, 각자의 입장은 같지 않으니 대답도 다르지 않겠느냐고? 동의한다. 다만 이런 부분을 덧붙여서 말해주고 싶다. 우리의 생활에는 공동체(가정, 사회, 국가)가 함께 공감하고 지향해야 할 부분이 꼭 필요하다고. 기꺼이 거기에 따르는 일도 천명에 순응하는 한 방편이라고. 선과 인과 덕을 쌓는 일에 몸과 마음이 흐트러지지 않게 하는 일도 마찬가지다. 이것은 사람이, 사람으로서, 사람답게 살아가는 일에서의 바탕이 되기 때문이다. 그러므로 천명에 대한 명확한 인식은 각 개인이 추구하는 삶의 가치에서 절대적 의미가 된다. 이것을 종교적인 다른 말로는 '믿음'이라고 한다.

2

邵康節先生曰 天聽寂無音 蒼蒼何處尋 非高亦非遠 都只在人心
소강절선생왈 천청적무음 창창하처심 비고역비원 도지재인심

**"하늘이 듣는 흔적 아득하고 먼데 어디서 찾는가.
다만 높지도 멀지도 않은 사람 마음에 있을 뿐인데."**

　소강절(1011~1077)은 송나라의 유학자이며 시인으로서 하남 사람
이다. 이름은 옹雍, 자는 요부堯夫, 강절康節은 시호諡號이다. 도가의 도서
선천상수圖書先天象數의 학문을 배워 신비적인 수리數理 학술을 세웠다고
알려져 있다. 저서로는 『황극경세서皇極經世書』와 『격양집擊壤集』이라고
이름 붙인 시집이 있다.

　예로부터 선행이 이어지면 하늘이 복을 주고, 악행을 일삼으면 천
벌을 받는다고 믿었다. 이것이 우리 내면의 가치체계에 자리 잡은 일
반적 인식이다. 그런데 '하늘이 인간의 언행심사를 듣고 보셨다는 증
거는 소리가 없으며 멀고 아득할 뿐이다. 어디에 묻는단 말인가. 이
모든 일이 사람 마음에 있거늘'이라는 표현은 의미심장하다. 천청天聽
(하늘의 들으심)은 아득한 저 공간에 있는 것이 아니라 바로 우리 마
음속에 있다니. 대체적으로 일반인들이 갖고 있는 선악 기준은 자신
의 양심이다. 그러니까 저 시詩에 새겨놓은 뜻도 이 양심이 하는 소리
에 충실히 귀를 기울이면 악행을 삼갈 수 있다는 말이다.

3

玄帝垂訓曰 人間私語 天聽若雷 暗室欺心 神目如電
현제수훈왈 인간사어 천청약뢰 암실기심 신목여전

**"사사로운 말일지라도 하늘의 귀는 우렛소리처럼 듣는다.
깜깜한 방에서 마음까지 속일지언정 하늘의 눈은 번개처럼 살피느니라."**

현제는 도가에서 받드는 신을 말한다. 어떤 대상을 향한 극상의 존칭이기도 하다. 예를 들어서 공자를 현성玄聖이라 일컫고 노자의 도교를 현교玄敎라고 하는 것처럼.

사실 공명정대한 말은 사사로이 이야기할 필요가 없다. 깜깜한 방에서도 마음을 감출 정도라면 떳떳한 일은 아닐 것이 분명하지 않은가. 그러므로 위 문장의 이야기는 이런 것이다. 늘 바른 마음을 가지라. 남을 헐뜯고 모함하거나 부도덕한 말 따위는 입 밖에 내지 않도록 하라. 깜깜한 방에서조차 마음을 속여야 하는 괴로운 일을 만들 까닭이 무엇인가.

4

益智書云 惡鑵若滿 天必誅之
익지서운 악관약만 천필주지

"악한 마음이 가득하면 하늘은 반드시 그를 벨 것이다."

『익지서益智書』는 송나라 때 만들어진 책이다. 저자는 알려져 있지 않다. 인간의 마음가짐에 대한 경계의 글이 적혀 있다.

어떤 일을 저지르려는 계획과 준비가 사전에 발각되면 예비음모죄에 해당한다. 굳이 형법적인 잣대를 들이대지 않더라도 이런 악한 마음가짐이 지속되면 하늘이 반드시 벌한다는 경고이다.

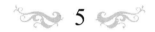

5

莊子曰 若人作不善 得顯名者 人雖不害 天必戮之
장자왈 약인작불선 득현명자 인수불해 천필륙지

**"선을 생각할 줄도 모르는 사람이 이름을 드날리는가.
사람들은 그를 해치지 않더라도 하늘이 반드시 찢어버릴 것이다."**

역사를 읽으면 꼭 살펴봐야 할 것이 있다. 그 시대를 살던 사람들의 마음을 지배하던 '생각'에 대해서. 예나 지금이나 사람에게는 버리지 못하는 집착이 있다. 바로 자신이 세상의 중심이 되고 싶다는 것. 오늘날은 그 정도가 더 심해졌다. 중심이 되려고 추구하는 권력과 재물 획득에서 수단과 방법을 가리지 않고, 명예를 얻고자 하는 일에서 조차 삼가지 않게 됐다. 심지어 자기 외모를 뜯어고치는 일까지 수단으로 등장했다. 그야말로 작불선作不善(선을 만들기는커녕 도모할 줄도 모르는)이다. 장자는 육戮이라는 과격한 문자를 써서 이 부분을 경고했다. 사람들은 그를 해치지 않더라도(오히려 그것을 모방하고 편승하고 싶어 할지라도) 하늘이 반드시 그를 '찢어 죽일' 것이라고. 그대는 저 말이 지금의 시대와는 맞지 않는 가치관의 표출이었다고 말하고 싶을까. 그렇다면 이렇게 덧붙여 묻고 싶다. 선한 일은 생각도 할 줄 모르는 인간이 세상의 중심이 되기를 추구하고, 수단과 방법을 가리지 않고, 그래서 조금 성취한들 그 삶이 정말 행복할까? 정녕 아름다울까? 그 삶의 행태는 금수禽獸, 다시 말해서 짐승 같은 것일 수도 있는데?

6

種瓜得瓜 種豆得豆 天網恢恢 疎而不漏
종과득과 종두득두 천망회회 소이불루

**"오이를 심으면 오이를 얻고 콩을 심으면 콩을 얻는다.
하늘의 그물이 엉성한 것 같으나 하나도 빠뜨리는 것이 없다."**

도덕경에 나오는 말인데 우리 속담에도 '콩 심은 데 콩 나고, 팥 심은 데 팥 난다'는 같은 비유가 있다. 여기에는 아주 중요한 메시지가 들어 있다. 한번 물어보자. 밭에 씨를 뿌리기만 하면 풍족한 결실이 있을까. 농부가 좋은 결실을 얻으려면 솎아주고 거름 주는 과정이 있어야 한다. 즉 맡겨진 역할을 성실하게 감당하는 일이다. 이를 대수롭

잖게 여겨 초점을 엉뚱한 곳에 옮기는 것은 착각이다. 사람의 지식과 자의식이 아무리 강하더라도 이것을 다른 피조물의 유익을 위해서 올바르게 행하라는 하늘의 섭리는 거역할 수 없기 때문이다. 저 옛날 바벨탑을 쌓던 이들은 자기들의 능력과 지식과 거기에서 형성된 자의식으로 말미암아 큰 착각을 했다. 자기들의 기능(talent)을 발휘하고 펼쳐서 세상을 풍요롭게 하기보다는, 그 기능의 탑을 쌓고 올라가 닿아 '단번에' 창조주와 비겨보겠다는 선택이었다. 거기에는 창조주의 섭리에 따르는 소통이 아니라, 피조물이 창조주와 대등하게 맞먹고 싶다는 욕구가 깔려 있었다. 그러나 결과는? 붕괴의 혼란과 언어의 혼잡으로 오히려 같은 피조물끼리의 소통에도 난처함을 겪게 됐다. 존재로서의 긍지는 더 형편없이 됐고.

현대인들의 특징 중 하나가 속된 말로 대박을 꿈꾸는 것이다. 단번에 성취되길 바란다. 그러나 창조주께서는 세상을 그렇게 만들지 않으셨다. 충실한 '과정'을 통해야만 풍성한 '결실'을 얻을 수 있다. 세상을 움직이는 이치가 그렇다. 이 글을 읽는 그대가 기독교인일까. 그렇다면 누가복음 4장 5절을 펼쳐 읽으라. 여기에도 과정을 무시하고 '순식간'에 원하는 자리에 도달할 수 있다는 마귀의 자기과시, 그런 유혹이 기록되어 있다. 이를 늘 명심하기를.

씨를 뿌리면 싹이 돋고 줄기가 자라고 꽃이 피고 열매를 맺는다. 씨 뿌린 자는 이 과정을 겪는 동안 알곡을 얻기 위한 간절함을 품게 된다. 때로는 가뭄도 홍수도 태풍도 만난다. 절망할 때도 있다. 하늘을 원망하기도 한다. 하늘은 정녕 무심하신가. 그런데 노자는 그렇지 않다고 말한다. 하늘의 그물이 엉성한 것[天網恢恢] 같으나 하나도 빠뜨림이 없음[疎而不漏]을 강조한다. 우리가 천명을 따를 수밖에 없는 유한한 존재라는 각성이다. 그러므로 그대와 나는 사람의 본분을 다하자. 사람의 본분은 일하는 것이다. 선한 목표를 향한 과정을 성실하게 밟아가는 것이다. 때로 바람 불고, 때로 목말라도 생애에 맡겨지고 정해진 길을 묵묵히 걸어가자. 이것은 하늘의 뜻인 섭리에 순응하는 일이니.

7

子曰 獲罪於天 無所禱也
자왈 획죄어천 무소도야

"하늘에 지은 죄는 빌 곳이 없다."

죄에는 경중이 있다. 어떤 죄는 개과천선의 기회를 얻을 수도 있다. 그러나 천륜에 어긋나는 죄는 차마 빌 곳도 없게 되는 것이다. 사람은 금수가 아니라 인간이기 때문에 그렇다. 천륜을 거슬리는 것은 자기 존재성에 대한 본질 망각이다. 이런 지경이면 정녕 그의 살아가는 이유를 어디에서 찾을 수 있을까.

第三篇 순응하는 삶(順命 篇)

공자는 수분지족守分知足을 제자들에게 가르쳤다. 진인사대천명盡人事
待天命을 말했다. 어떤 상황 앞에서도 넘치지 말고 성실하라는 요구였
다. 우리에게 익숙한 이 말은 한 생애에 있어서 감당해야 할 책임과
도 연결된다. 이를 수긍할 수 있는 삶의 태도를 지녔다면 섭리에 순
응하는 삶에 다름 아니다. 있는 힘껏 자신에게 맡겨진 일을 감당해낼
테니까. 그다음에 하늘의 뜻을 기다리는 넉넉함과 떳떳함을 지녔을
테니까. 그런데 우리 대부분은 자신에게 주어진 것들을 남과 비교해
보기를 잘한다. 터무니없이 작고, 적게 여겨져서 불만스러워한다. 감
사와 감격에도 무감각해져 있다. 그러나 이제부터는 감사와 기쁨과
만족의 습관을 만들어보자. 아주 작고 적더라도 주어진 그것을 마음
껏 누리며 즐겨보자. 이는 자신의 존엄성에 대한 긍지이기도 하다. 손
에 움켜쥔 것의 많고 적음에 흔들리지 않고, 섬김과 나눔과 누림으로
만족하는 삶의 시간을 걷다 보면 우리의 결국은 행복한 사람이었다
고 일컬어질 것을 시인은 믿는다. 이 순명順命 편을 읽는 동안 여기에
대한 분별을 더욱 맑고 환하게 만들진저.

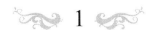

1

子曰 死生有命 富貴在天
자왈 사생유명 부귀재천

"사람은 죽고 사는 때를 타고난다. 부귀 또한 하늘에 달렸다."

　공자는 젊은 날, 치세구민治世救民하는 포부 실현의 기회를 원했다. 오랜 세월 천하를 주유했다. 적극성과 도전의식을 지닌 사람이었다. 그러나 당대에는 자신의 뜻을 이룰 수 없었다. 그랬을지언정 그가 설파한 도道의 가치는 인류의 정신에 커다란 유산으로 남았다. 비록 치세의 뜻을 접었더라도 말년에 집대성한 학문과 가르침은 지금도 커다란 영향력을 행사한다. 그런데 위의 말은 마치 운명론자의 서술 같다. 자신의 포부를 펼칠 기회를 얻지 못함이 그렇게 괴로웠을까.

　그러나 시인에게는 이렇게 읽힌다. 이것은 존재의 유한함에 대한 깨달음의 진술이라고. 한 개인을 향한 하늘의 뜻이 정해져 있다는 것은 천명에 대한 인정이다. 때문에 공자는 자신이 걸어온 삶의 길에 회한을 품지는 않았을 것이다. 그가 남긴 진인사대천명이라는 말에도 삶의 태도에 대한 현인賢人의 성실과 엄숙함이 드러나 있다. 자신의 일에 최선을 다 해놓고 묵묵히 하늘의 뜻을 기다린다는.

2

萬事分已定 浮生空自忙
만사분이정 부생공자망

"세상 모든 일은 이미 정해져 있거늘 덧없는 인생이 공연히 분주하구나."

부든 명예든 권력이든 손에 쥐면 더 움켜쥐고 싶은 것이 본래 사람 생겨먹기의 모양새이다. 탐심은 끝이 없다. 몸과 마음이 상하면서도 멈추지 못한다. 그러다가 망가지게 되면 원인과 결과를 외부의 탓으로 돌리며 분노하게 된다.

시인이 풀어쓴 위 표의문자의 해석이 냉소적으로 읽힐까. 그러나 내용의 이면에는 욕심을 경계하라는 의미를 숨겼다. 다시 말해서 삶에서 가장 지혜로운 태도는 수분지족이라는 뜻이다. 그 첫 번째 덕목은 절제다. 말과 마음과 행실을 삼가는 것. 바로 지금의 상황에 순응하여 치우치지도 넘치지도 않음을 말한다. 분수에 맞게 누리고 나누고 섬기며 즐거워하는 것도 포함한다.

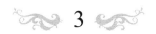

3

景行錄云 禍不可幸免 福不可再求
경행록운 화불가행면 복불가재구

"화를 요행으로 면할까. 복을 놓치면 다시는 구할 수 없다."

이 평범한 말을 명심해둘 수 있기를. 삶의 태도에 관한 심각한 경고이기 때문이다. 지나쳐버리기 쉬운 일상적이고 사소한 부분의 통찰이기도 하다. 악을 쌓게 되면 화로 보응하는 것이 하늘이 정한 이치라고 우리는 알고 있다. 그런데 여기에서 말한 악이 아주 엄청난 죄악은 아니라고 가정해보자. 그래서 생활태도 속에 반복적으로 나타난다면? 무의식중일지언정, 가벼운 죄는 아무렇지도 않게 여기는 마음가짐과 행동이 일상화되겠지. 심리학은 이 부분을 '관계성에서 자신의 존엄성은 물론 타인의 존재성까지 아무렇지 않게 여기는 무책임'이라고 말한다. 그러다가 예기치 않은 화가 찾아오면? 그걸 또 요행으로 면해보려는 어리석음을 나타내지 않을까. 복도 마찬가지이다. 평소 잘 준비하는 과정을 거쳐야 찾아올 때 만날 수 있다. 다른 비결은 없다. 준비하지 못해서 놓친 기회를 다시 만들기는 정말 어렵기 때문이다.

4

時來 風送滕王閣 運退 雷轟薦福碑
시래 풍송등왕각 운퇴 뇌굉천복비

**"때를 만나니 바람이 등왕각까지 데려다주네.
운이 다하니 벼락마저 천복비에 떨어지는구나."**

등왕각은 양쯔 강 유역 남창지방에 있는 누각의 이름이다. 행운의 뜻을 지니고 있다. 반면에 천복비는 운이 다했다는, 비운의 뜻이다.

풍송등왕각이란 글의 유래는 이렇다. 동정호 부근에 왕발王勃이라는 사람이 살았다. 어느 날 배를 타고 남창으로 가다가 순풍을 만나 여러 날 걸릴 길을 하루 만에 도착했다. 그래서 이 글을 쓰게 됐다는, 행운을 뜻하는 문장이다. 그런데 천복비의 유래는 안타깝다. 송나라 때 어떤 가난하고 젊은 선비가 청탁을 받았다. 명필 구양서가 쓴 천복비 비문碑文을 탁본해 오면 꽤 큰돈을 주겠다는 것. 그리하여 결심하게 됐다. 그것을 바탕삼아 입신양명의 길을 열어보리라. 이런 각오였으니 그 먼 천복산에 도착하기까지의 고생은 아무것도 아니었을 것이다. 그런데 이게 무슨 일이람? 하필이면 그날 벼락이 떨어져 천복비가 산산조각이 돼버렸다니. 그 일 이후 뇌굉천복비는 비운의 뜻을 나타내는 문장이 되었다.

윗글을 몇 번 읽다가 시인은 생각을 비약시켜 상상력을 발휘해봤다. 여기에 담겨 있는 묘한 도전에 대해서.

지금 어떤 이가 순풍을 만나 내달리고 있을까. 그렇다면 거기 도취하지 말고 아주 많이 삼가야 할지니. 삼가라는 말은 나중을 대비하는 절제는 물론 지금 힘껏 섬기고 나누라는 뜻을 내포한다. 섬기고 나누는 일에는 물질보다 선행先行하는 것이 있다. 시간을 나눠주는 일이다. 다시 말해서 잘 나가는 사람들은 바쁘다. 할 일이 많은 까닭으로 사소한 관계성의 사람들에게 시간 내주기에 인색하게 구는 것을 당연하게 여긴다. 물론 이들은 자신이 유한한 존재라는 사실도 알고 있다. 그렇기에 할 일과, 맡겨진 일을 처리하기 위해서 헛된 시간 낭비는 않겠다는 의식이 강하다. 그러나 사람아, 기억하라. 어떤 경우에도 그대는, 그대에게 맡겨진 일 처리에 대한 시간 사용을 최우선으로 여기는가. 옳다. 그 일은 매우 중요하다. 자기 기능감당의 의무에 성실하다는 뜻이니까. 그렇더라도 잊지 않기를 바란다. 그대의 시간은, 다른 사람의 말을 들어주며 섬기는 일에 먼저 허락되었음을. 시간 사용의 초점을 그렇게 바꾸는 순간(이는 인색하고 이기적인 의식구조를 탈피했다는 뜻이다), 그대는 하늘의 뜻에 더욱 창조적으로 반응하는 인간이 될 수 있을 것이다.

또 한 가지를 생각해보자. 그 젊은 선비가 천복산에 도착했다. 그 여정이 비록 고생스러웠을지라도 목적지에 닿았을 때의 그 기대감이 어떠했을까. 그런데 천복비 앞에 가봤더니 벼락에 산산조각이 난 모습이라니. 그러나 그렇더라도 그 젊은 선비는 그 좌절과 실망감을 슬기롭고 굳게 극복해냈으리라고 믿고 싶다. 필시 후대에 대장부로서의 이름을 남긴 아름다운 사람이 되었으리라. 젊은 사람에 대한 시인의 기대는 이렇다.

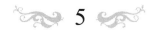

5

列子曰 痴聾痼啞 家豪富 智慧聰明 却受貧 年月日時該載定
算來由命不由人
열자왈 치롱고아 가호부 지혜총명 각수빈 연월일시해재정 산래유
명불유인

**"어리석고 귀먹고 고질병을 지녔으며 벙어리일지라도 부자인 사람이 있
다. 지혜롭고 총명하거늘 가난한 이도 있다. 연월일시로 이를 헤아려보
니 이는 사람으로 말미암는 게 아니라 운명으로 비롯되는 것이다."**

열자는 전국시대 초기 노魯나라 때의 사상가이다. 성은 열列, 이름은
어구인데 지덕충허진인으로 불리기도 했다. 열자는 사람들이 붙인 존
칭이다. 『열자』 8권의 저서가 있다.

윗글은 인간이 아무리 애써도 불가능한 일이 있음을 암시하고 있
다. 그렇다고 운명은 이미 정해져 있다며 스스로의 성장과 성숙의 노
력을 포기한다면 인간으로서의 존엄성과 존재성이 너무 보잘것없지
않겠는가. 그러므로 우리는 살아있는 자가 호흡하듯, 생명이 다하는
날까지 선한 목적을 향한 발걸음을 멈추지 않아야 한다.

第四篇 사람의 가치에 바탕이 되는 일(孝行篇)

낳아주셨다. 키워주셨다. 가르쳐주셨다. 제대로 사람 노릇할 수 있도록 만들어주셨다. 밖에서 받은 어떤 마음 상할 일에는 끝까지 내 편이셨다. 역성들어 주셨다. 이런 어버이의 은혜에 보답하려는 애씀이 효孝다. 예로부터 사람들의 지대한 관심은 건강하게 오래 사는 일이다. 오늘날은 갖가지 방법이 다 수단으로 등장했다. 그러나 여기에 대한 아주 분명한 비결은 이미 오래전에 선포되었다. "네 부모를 공경하라. 그리하면 너의 하나님 나 여호와가 네게 준 땅에서 네 생명이 길리라"(출애굽기 20:12)는 성경 말씀. 공경은 그 대상을 어렵고 고마워하며 높이는 것을 말한다. 부모 섬기는 모습에서 그대가 이런 모범을 보여준다면, 이 갸륵함은 다음 세대로 또 그다음 세대로 차례차례 이어질 것이다. 얼마나 아름답겠는가. 진정 자녀가 복된 삶을 살기를 원한다면 '좋은 일'을 많이 듣고 보고 겪게 한 다음 그것을 실천할 수 있도록 북돋아주라. 이 좋은 일에서의 으뜸이 바로 어버이 공경이다. 날마다 이런 경험에 충실하게 되면 앞으로 그 자녀들의 삶은 정녕 복되고 아름답고 풍성하다고 일컬어질 것이다.

효행孝行 편에는 어버이의 은혜에 감격하고 더 잘 섬길 수 있는 방안을 찾아 실천할 수 있는 강령이 수록돼 있다.

1

詩曰 父兮生我 母兮鞠我 哀哀父母 生我劬勞 欲報深恩 昊天罔極

시왈 부혜생아 모혜국아 애애부모 생아구로 욕보심은 호천망극

"아버지 날 낳으시고 어머니 날 기르셨으니. 아아, 어버이시여, 저를 낳아 키우시며 얼마나 애쓰셨나이까. 그 깊은 은혜를 갚아보려 해도 하늘처럼 끝이 없으니 다만 망극할 뿐이옵니다."

『시경詩經』에 나오는 문장이다. 여기에서 아버지 날 낳으셨다는 의미는 생리학적인 부분을 말하는 것이 아니다. 사람이 한 아버지의 자식으로 태어나면, 그 순간부터 성씨는 물론 그분이 일생 걸어온 길의 모든 흔적까지 알게 모르게, 원하든 원치 않든 이어받을 수밖에 없다는, 그런 뜻을 함축하고 있다. 자식이 성장할 때까지 아버지는 아들의 표상表象이 된다. 어머니도 물론 마찬가지이다. 자식에게 젖을 물리고, 씻기고, 재우고, 입히고, 키우는 동안 세심한 쓰다듬음이 그 자녀에게 행해진다. 그걸 사랑의 손길이라고 말한다. 그런데 세상이 얼마나 황폐해진 것일까. 드물기는 히지만 일을 핑계로 자녀를 어루만지지 않고 방치하는 부모와, 방치됐던 결핍을 핑계로 어버이를 업신여기고 모욕하며 무찌름을 행하는 몹쓸 자식들의 소식도 듣게 된다. 두렵다. 섬기고 나누는 일에 둔감해진 세상이. 모든 관계성의 중심에는 절대적 가치기준으로서의 내가 있다. 그러나 그대가 정녕 생각하는 사람이라면 관계성에서 최상의 가치는 섬김과 나눔에 있음을 잊지 말아

야 할 것이다. 섬김의 최우선 대상은 어버이다. 나눔의 최우선 대상은
자식이다. 이런 일을 힘껏 행할 수 있도록 돕고 격려하는 것은 사랑
으로 연합한 부부이다. 섬김은 공경으로 하는 것이다. 공경은 그 대상
을 어렵고 고마워하며 높이는 일이다. 그렇다면 나눔은 무엇일까. 자
기가 가진 외형적 소유를 나누는 것에만 국한될까. 참다운 나눔은 그
대상을 일으키고 세우고 부추기는 일이다. 북돋아주는 일이다. 필요
할 때 함께 있어주는 일이다. 나눔을 받는다고 해서 그 대상이 반드
시 연약한 상태에 있는 것은 아니라는 사실도 염두에 둬야 할 일이다.
더 분명한 것은 이런 섬김과 나눔은 부모의 은혜를 고마워하며 공경
할 때, 자식을 깊은 사랑으로 북돋고 세우고 어루만지고 쓰다듬을 때
가장 아름답게 형상화된다는 것이다. 그런 다음에 이 섬김과 나눔의
외연은 더욱 확장될 수 있다.

2

子曰 孝子之事親也 居則致其敬 養則致其樂 病則致其憂 喪
則致其哀 祭則致其嚴
자왈 효자지사친야 거즉치기경 양즉치기락 병즉치기우 상즉치기
애 제즉치기엄

"효자의 어버이 섬기는 모습이 이렇다. 공경을 다하며 섬기고, 즐겁게 봉
양하고, 병이 드시면 깊이 근심하며, 돌아가시면 슬픔을 다하고, 제사는
엄숙함으로 드린다."

공자의 이 말은 살아계실 때 섬기는 모습과 돌아가신 다음에도 잊지 않아야 할 부모에 대한 예의를 당부하고 있다.

기독교인이 아니더라도 고린도전서 13장의 내용은 누구나 잘 알고 있다. 사랑에 관한 것이기 때문이다. 고린도전서 13장 4절에는 이런 말씀이 기록돼 있다. 사랑은 무례히 행치 않는다고. 관계성에서 제일 중요한 것은 예의이다. 부모와 자식 간에도 마찬가지이다. 부모에 대한 존경과 자식에 대한 존중을 망각한 결과로 상처받은 영혼들이 얼마나 많은지. 이 사실에 대한 인식을 그대와 내가 깊이 새겨둘 수 있기를.

덧붙이자면 부모 모시는 일의 으뜸은 즐겁게 해드리는 일이다. 시인의 경우를 이야기하자면, 내 두 아들은 언행심사가 제법 반듯하다. 또 그런 부분이 사람들의 칭찬으로 나타날 때 가장 즐겁다. 이런 예를 든 까닭이 있다. 편하게 모신다는 명분의 경제적 부양이 섬기는 일의 모두가 아니라는 점. 지금 세대인 자식과 이전 세대인 부모는 사물과 상황과 세상을 보는 시각의 초점이 일치하지 않는다. 그렇더라도 부모의 의견과, 살아오는 동안 지니게 된 가치관에 적극적으로 공감하고 동의해주는 자식이야말로 진정 신세대다운 효자라는 사실을 명심하기 바란다. 부모의 의식을 교정하려고 하지 마라. 그대가 변하기 쉽지 않은 것처럼 부모의 의식은 이미 견고해져 있다. 그것을 그대로 인정하자. 그렇더라도 서로 얽매이는 일은 없다. 자신이 지닌 생각의 습관을 그대로 인정해주는 자녀를 보면, 부모의 입장에서는 기꺼이 소통하려는 그 자식이 기쁘기만 하다. 자녀들도 이 사실을 인정하고 오히려 부모의 모습을 기꺼워할 수 있다면 앞으로의 삶에서 만들어내는 형상도 아름다울 것이 분명하다. 이런 마음가짐은 인생의 길에서 사람이 행해야 할 진리를 추구하는 태도에 다름 아니다. 이

일을 결심하고 실천하는 순간, 자기중심의 모든 이기심에서 자유롭게
되기 때문이다.

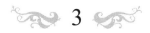

3

子曰 父母在 不遠遊 遊必有方
자왈 부모재 불원유 유필유방

**"부모 살아계시면 멀리 나가지 않도록 하라.
멀리 나가게 되면 반드시 그 위치를 알려드려라."**

  공자가 저 글을 남겼을 즈음에도 세상은 어수선했다. 교통과 통신
수단도 변변치 않아서 오늘날과 같은 속도는 기대조차 할 수 없었다.
까닭에 부모에게 이런 걱정거리를 만들지 말 것과 부득이 할 경우에
는 그 상황과 위치를 알려서 안심시켜 드리라는 권고의 내용이다. 진
정 부모를 공경하는 마음가짐을 지닌 자녀는 모든 일을 행함에 있어
서 이런 태도를 흩지 않는 것이 보통이다.

4

子曰 父命召 唯而不諾 食在口則吐之
자왈 부명소 유이불낙 식재구즉토지

"아버지께서 부르시면 즉시 대답하라.
입에 음식이 있다면 즉시 뱉어내라."

　부모의 요구에 자식은 이것저것 따지지 말고 즉각적으로 반응하라는 실천명령이다. 공자의 제자들도 효의 첫째가 부모공경이라는 가르침에 따랐다. 그런데 증자는 이렇게 말하기도 했다. 효의 두 번째는 부모의 명예를 더럽히지 않는 것이라고. 이 말에서 공자와 제자들이 지닌 효에 대한 초점의 우선순위가 다름을 느끼기도 한다. 물론 시인 혼자만의 감각이다. 공자는 즉각적이고 실제적인 행함을 요구했는데, 제자들은 그것과는 거리가 있는 명분에도 관심이 있었구나 하면서.

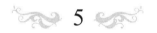

5

太公曰 孝於親 子亦孝之 身旣不孝 子何孝焉
태공왈 효어친 자역효지 신기불효 자하효언

**"내가 효도해야 자식 또한 마찬가지로 행할 것이다.
내가 효도하지 않고 어찌 자식에게 효를 바라겠는가."**

　사람이 태어나는 순간 맺어지는 관계성이 있다. 혈연이다. 부모와 자식, 형제, 자매지간의 천륜은 단절이 불가능하다. 또 성장해서 맺는 인연도 있다. 상대의 존재성에 대한 인정과 필요와 신뢰로 만들어지는 부부지간이다. 사실은 이것이 가장 친밀한 연합이다. 모든 관계성에서의 으뜸이다. 부모, 자식, 형제, 자매로 이루어진 세계에서도 그 중심은 부부이기 때문이다. 그렇더라도 태공의 글을 다시 읽어보자. 우리가 다시 생각해봐야 할 부분이 있다. 사랑의 조건에 대해서. 형제, 자매, 부부, 심지어는 자식의 부모를 향한 사랑도 사실은 모두 조건적이라는 것을 그대는 알고 있는지. 오직 자식을 향한 부모의 사랑만 무조건적이다. 스스로 효를 행치 않은 자도 자식에게는 무조건적인 사랑을 베푼다. 그러나 그런 사랑을 받았더라도 부모에게서 모범을 보지 못했다면 그 자식은 배운 것이 없다. 사람은 듣고 보고 느끼면서 그 인식세계를 성장시키기에 그렇다. 부모의 언행심사에서 효를 도외시한다는 감각을 갖게 된 자녀는 부모에게 조건을 건다. 당신이 효를 행하지 않았으면서 어찌 내게 그것을 요구하느냐고. 그러니까 효의 모범을 보이지 못한 어버이가 자식에게 효를 기대하는 것은 자가당착自家撞着이 아니겠는지.

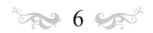

6

孝順還生孝順子 忤逆還生忤逆子 不信但看簷頭水 點點滴滴
不差移
효순환생효순자 오역환생오역자 불신단간절두수 점점적적불차이

"효도하고 순종하는 이는 그런 아들을 낳고 거역하는 자 또한 그런 자식을 낳을 것이다. 믿지 못하겠거든 처마 끝 낙숫물을 보라. 점점이 떨어져 내릴지언정 거기에는 어긋남이 없음을."

사물의 이치에 대한 문장 말미의 표현 '점점이 떨어져 내릴지언정 거기에는 어긋남이 없다'는 함축에 다른 풀이는 덧붙이지 않는다. 다만 효도의 첫째 목적은 부모를 위함이고 둘째는 자신을 위함이라고 말하고 싶다. 그러나 이 모든 일의 진정한 목적은 후손을 위함이라는 사실을 잘 알아두기 바란다. 생각해보라. 자신의 어버이가 극진히 당신들의 부모님 섬기는 모습을 보며 자란 그 자녀가 맺는 삶의 결실은 또 얼마나 아름답겠는가. 더구나 이런 모습은 대代를 잇는 것이 보통이다.

第五篇 나를 바르게 세우기(正己篇)

정기正己란 자신을 올바르게 세움을 말한다. 마음을 밝고 맑게 하는 명심明心과 몸과 행실을 반듯하게 다스리는 수신修身이 모두 정기의 방편이다. 이 단원에는 이처럼 스스로를 닦는 길이 제시되어 있다.

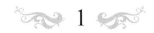

1

性理書云 見人之善 而心己之善 見人之惡 而心己之惡 如此
方是有益
성리서운 견인지선 이심기지선 견인지악 이심기지악 여차방시유익

"남의 선행과 악행을 보며 자신의 착함과 악함을 살피라.
스스로에게 유익함이 있을 것이다."

　보편적 가치기준과 분별력을 지닌 사람에게는 스스로를 들여다볼
수 있는 마음의 거울이 있다. 타인의 언행심사를 자신의 마음에 비춰
보면서 선악을 가늠할 수 있는 힘을 얻는다. 이때 일으켜지는 반응을
성경에서는 '양심의 법'이 우리에게 호소하는 소리라고 말한다. 이 말
씀은 동양적 가치기준에서의 도덕과도 일치한다. 선악을 분별하는 감
수성이기 때문이다. 이런 감수성을 지닌 사람은 타인의 착한 행실을
받아들여 자신의 선함을 북돋는다. 남의 악한 행실을 보면 스스로를
경계할 수 있다. 한발 더 나아가서 거기 물들지 않겠다고 다짐하며
적극적으로 선을 실천하는 능력을 내보이기도 한다. 마치 그대처럼.

2

景行錄云 大丈夫當容人 無爲人所容
경행록운 대장부당용인 무위인소용

"대장부는 남을 용납할지언정 남의 용납은 받지 않는다."

정녕 사내다운 사내를 대장부라고 일컫는다. 유교에서 추구하는 이상적 인간상은 군자이다. 학식과 덕행과 충효지심은 물론 성품까지 온화하고 도량이 넓은 사람의 호칭인데, 대장부는 이것까지도 뛰어넘은 경지에 있는 사람을 말한다. 군자이면서 기백까지 출중해서 남에게 용서를 받아야 할 잘못은 애초에 저지르지 않는다. 이는 우뚝한 사람으로 살겠다는 결기를 일생동안 흩지 않는 결단과 훈련이 있어야 가능하다. 타인의 용서와 용납을 받아야 할 정도가 됐다면 그는 이미 대장부가 아니기 때문이다. 『경행록景行錄』에서 말한 위 내용은 그런 뜻을 담고 있다.

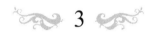

3

太公曰 勿以貴己而賤人 勿以自大而蔑小 勿以恃勇而輕敵
태공왈 물이귀기이천인 물이자대이멸소 물이시용이경적

"내가 귀하다고 남을 천히 여길 텐가. 내가 크다고 작은 이를 멸시할 텐가. 내가 용맹하다고 적을 얕볼 텐가."

답답한 시간을 오래 견딘 경험이 있기 때문일 것이다. 태공이 남긴 글에서는 신중함은 물론 자신을 낮춰 삼가라는 금언들을 많이 볼 수 있다. 신중함과 겸손함은 지금도 몸을 보전하는 처신 중에서 으뜸이다.

4

馬援曰 聞人之過失 如聞父母之名 耳可得聞 口不可言也
마원왈 문인지과실 여문부모지명 이가득문 구불가언야

**"남의 허물을 부모의 이름 듣는 것처럼 하라.
들었을지언정 말해서는 아니 된다."**

　유교의 교육은 자식이 부모의 함자衡字를 함부로 부르지 못하도록
했다. 그만큼 어려워하며 높이라는 뜻이다. 후한 때의 장군 마원은 언
어 사용의 신중함을 그 정도로 요구했다. 어떤 사람의 나쁜 소문을
들었더라도 밖에 발설하지 말라는 것. 듣더라도 발설하지 않음은 설
화舌禍를 미리 방지하는 방편이기도 하다.

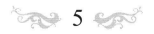

5

邵康節先生曰 聞人之謗 未嘗怒 聞人之譽 未嘗喜
소강절선생왈 문인지방 미상노 문인지예 미상희
聞人之惡 未嘗和 聞人之善 則就而和之 又從而喜之
문인지악 미상화 문인지선 즉취이화지 우종이희지
其詩曰 樂見善人 樂聞善事 樂道善言
기시왈 낙견선인 낙문선사 낙도선언
聞人之惡 如負芒刺 聞人之善 如佩蘭惠

문인지악 여부망자 문인지선 여패란혜

"남이 비방하는 말에 즉시 성내지 않도록 하라. 남이 칭찬한다고 곧바로 기뻐할 것도 아니다. 누가 남을 욕하면 대꾸할 것도 없지만, 칭찬하는 소리를 들으면 함께 기뻐하라. 또 그 시詩에, 착한 사람 보는 것과 착한 일 듣는 것과 착한 말 하는 것을 즐기라고 했느니. 남의 허물을 듣거든 가시를 등에 진 것처럼, 남의 착함을 듣거든 난초를 품은 것처럼 여기라."

남이 그대를 비방하면 속된 말로 열 받지? 그렇다고 즉각 분노할 일은 아니다. 다만 그 비방이 상대의 느낌인지 사실인지 한번 살펴볼 필요는 있다. 느낌에서의 발설은 무시하면 그뿐이지만, 깊이 생각해 본 결과 그게 사실이라면 자기반성의 계기로 삼는 것이 진정 성숙한 태도이다.

마찬가지로 칭찬을 받는다고 들뜰 게 뭐 있겠는가. 만약 그대가 어떤 영향력을 행사할만한 위치에 있다면, 거기에서 감언이설과 아부를 분별해내면 될 것을. 이렇게 하기 위해서는 많이 생각할 줄 알아야 한다. 신중함도 요구된다. 여기에 반응하는 우리의 처신이 마음의 문제이기 때문이다.

위 내용 후반부에 제시된 소옹邵雍의 시는 말한다. 남의 나쁜 부분에 대한 말에는 호응할 필요가 없지만, 그러나 남의 선행을 들으면 함께 기뻐하라고. 남의 악함을 들으면 가시를 짊어진 것처럼 괴로워하고 남의 선함을 들으면 그 품격을 마치 난초의 향기처럼 여기라고. 시인에게는 이 표의문자 표현이 사람의 존엄성과 그 가치를 깊이 생각하라는 호소로 다가온다.

道吾善者 是吾賊 道吾惡子 是吾師
도오선자 시오적 도오악자 시오사

**"나를 착하다 부추기는 자는 적이다.
나를 악하다 말하는 이에게도 배울 것이 있다."**

　힘과 영향력을 지닌 사람이 명심해야 할 말이다. 그런 위치에서는 칭찬과 아부를 당연하다고 여길 수 있기 때문이다. 또 충고하는 사람이 어려운 것은 내 진정성을 알아줄까 하는 염려와 받아들이는 이의 의식 수준과 진정성을 헤아리는 감수성에도 영향을 받기에 더욱 그렇다. 모쪼록 그대가 위 내용을 깊이 살펴서 넉넉한 흉금을 지닌 성숙한 인간의 길로 나아갈 수 있기를.

7

太公曰 勤爲無價之寶 愼是護身之符
태공왈 근위무가지보 신시호신지부

**"부지런함은 값을 매길 수 없는 보배요,
삼가는 것이야말로 몸을 지켜주는 부적이다."**

부지런함과 삼가는 것은 삶을 가치 있게 만들기 위한 가장 기본적인 처신법이다. 목적을 정해놓고 부지런히 노력하면 발전하고 또 때가 되면 결실이 있다. 흔히 성공한 삶이라고 하면 그 결실이 외형적으로 거창한 것을 연상한다. 그러나 진정으로 성공한 사람의 모습은 이렇다. 그 결실의 많고 적음과는 상관없이 부지런히 노력하며 삼가는 태도를 지녔고, 알게 모르게 섬기고 나누는 일에 힘쓰는 삶. 이것은 착하고 충성(생애에 맡겨진 역할을 성실하게 감당한)된 사람의 길을 걸어왔다는 증거이기도 하다.

8

景行錄曰 保生者寡慾 保身者避名 寡慾易無名難
경행록왈 보생자과욕 보신자피명 과욕이무명난

"온전한 삶과 몸을 지키기 위해서는 욕심을 버리고 명예는 피해야 하는데, 욕심은 버릴 수 있을지라도 명예를 피하기가 쉽지 않다."

스스로를 유능하다 여기며 마음에 긍지가 가득한 이들이 새겨둘 말이다. 일생 그런 의식을 지니고 살아갈지언정, 생애의 흔적이 깔끔하려면 이를 잊지 말아야 한다. 무욕無慾은 쉬우나 무명無名이 어렵다는 말은 자긍심과 함께 삶의 가치기준을 높은 곳에 두고 있는 사람들의 심리적 상태를 정확하게 꿰뚫고 있다. 그렇더라도 수분지족을 이해하고 있다면 그대는 허명을 추구하는 일에 매달리지 않도록 하라. 그

무게를 감당치 못하게 될 경우 삶이 구차해질 수 있다. 명심할진저!

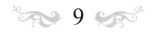

9

子曰 君子有三戒 少之時 血氣未定 戒之在色
자왈 군자유삼계 소지시 혈기미정 계지재색
及其壯也 血氣方剛 戒之在鬪
급기장야 혈기방강 계지재투
及其老也 血氣旣衰 戒之在得
급기노야 혈기기쇠 계지재득

"군자에게는 세 가지 경계해야 할 것이 있다. 어릴 때는 혈기가 아직 안
정되어 있지 않다. 여색을 경계해야 한다. 젊을 때에는 혈기가 강성해진
다. 싸움을 경계해야 할 것이다. 늙으면 혈기가 쇠해지고 마느니. 움켜쥐
고자 함을 경계하라."

공자는 인생의 시기를 셋으로 나눠 경계의 말을 남겼다. 혈기가 아
직 안정되어 있지 않다는 말은 격동하기 쉽다는 말과 같다. 격동과
격정으로 여색에 빠지면 성장기의 몸이 먼저 상한다. 정신마저 흐려
져 총명과 지혜를 키울 수 없다. 기대할 것이 없는 인간이 된다는 뜻
이다. 더 성장해서 혈기가 강성해져도 경계할 것이 있다. 이때는 도전
의식이 강해진다. 성취의 압박감에 시달리기도 한다. 여기에서 표출
되는 승부심리가 간혹 상대를 짓밟고 혼자 우뚝해져야겠다는 전투심

리로 변질되기도 한다. 그대가 지금 젊은 날의 이런 시간을 지내고 있다면 이 부분을 잘 살필 수 있기를 바란다. 이 시기를, 단번에 성취하겠다기보다는 튼튼한 과정을 밟는 성실한 발걸음으로 잘 건너야 넉넉하고 지혜롭게 나이 들어갈 수 있기 때문이다. 넉넉하고 지혜롭다는 것은 관계성의 처신에서 원만함까지를 다 포함한다. 그렇다고 이것이 전부는 아니다. 경계해야 할 일이 하나 더 있다. 생애에 남은 시간이 줄어들면 성취의 기회도 줄어들 수밖에 없음을 감각하게 된다. 박탈감으로 욕심이 더욱 기승을 부릴 수 있다. 더 이상의 언급은 생략하지만, 늙어서의 욕심은 노추老醜가 될 수 있음을 잊지 않기 바란다. 나이 들어서 필요한 것은 한 가지뿐이다. 시간을 반추反芻하며 지나간 어떤 일들을 관조觀照(그것은 그럴 수밖에 없었다고 인정)할 수 있는 힘. 이런 정돈된 모습으로 생애를 마무리한다면 그 삶이 걸어온 길에서 무엇이 그렇게 부끄럽겠는가.

10

孫眞人養生銘云 怒心偏傷氣 思多太損神 神疲心易役 氣弱病相因
손진인양생명운 노심편상기 사다태손신 신피심이역 기약병상인
勿使悲歡極 當令飮食均 再三防夜醉 第一戒晨嗔
물사비환극 당령음식균 재삼방야취 제일계신진

"심하게 화를 내면 한쪽으로 쏠린 기운이 몸을 상하게 한다. 생각이 너

무 많으면 정신이 손상된다. 정신의 피로는 마음을 지치게 하고 기운이 약함은 병의 원인이 되는 것이다. 어떤 일 앞에서 너무 슬퍼하거나 기뻐하지 않도록 하라. 음식은 골고루 섭취하며 밤에 술 취하는 것은 삼가고, 삼가고 또 삼가도록. 특히 새벽에 성내는 일을 가장 경계해야 할지니."

신인이라는 칭호는 도가에서 그 수양의 경지가 높은 사람을 일컫는 말이다. 양생명은 문자 그대로 몸과 마음을 닦을 수 있는 계명인데, 위 내용은 그들이 남긴 말 중의 한 자락으로서 다음과 같은 뜻이다.

성을 내면 기를 상하게 된다. 잡다한 생각은 정신의 손상을 가져오고 이 정신의 피로가 마음을 고달프게 만든다. 화를 내서 기가 떨어지면 병이 찾아오게 된다. 또한 편식과 밤에 술 취하는 것을 삼가야 한다. 특히 새벽에 성내지 말라는 말에는 새벽에 색욕을 발동시키지 말라는 뜻이 내포되어 있다.

11

景行錄曰 食淡精神爽 心淸夢寐安
경행록왈 식담정신상 심청몽매안

"담백한 음식은 정신을 상쾌하게 한다. 마음이 맑으면 꿈자리도 편하다."

번민하는 사람은 진수성찬도 맛이 없다. 숙면할 수도 없다. 담백한 음식을 먹는 것은 몸과 마음의 욕심을 버린다는 뜻이다. 버리면 마음이 맑아지고, 맑아지면 걱정할 것을 만들지 않는다.

12

定心應物 雖不讀書 可以爲有德君子
정심응물 수불독서 가이위유덕군자

"마음에 정한 일을 제대로 처리할 수만 있다면, 비록 많이 공부하지 않았어도 덕 있는 군자가 될 수 있을 것이다."

옛날에는 학식과 덕망을 갖추고 높은 관직에 오른 사람을 군자라고 칭했다. 그러나 위 내용은 비록 많이 공부하지 못했더라도 반듯한 마음으로 사물을 대하고, 일 처리를 정확하게 할 수 있는 능력을 키운 사람도 덕 있는 군자가 될 수 있다고 말한다. 많이 공부하지 못했다는 것은 본인의 게으름과 소홀함이 아니라면, 가세家勢의 빈곤과 신분이 비천하다는 등 여러 가지 제약이 있었다는 뜻이다. 이런 경험을 맛본 사람은 인지상정에 대한 감각이 남다를 수밖에 없다. 그것을 무릅쓰고 마주치는 상황에 균형감을 잃지 않으며, 맡겨진 책임 또한 올바르게 감당하는 사람이 있다면 그를 군자라고 일컫는 데 무슨 거리낌이 있겠는가. 정심응물定心應物이라는 문장의 뜻을 깊이 생각하라.

13

近思錄云 懲忿如救火 窒慾如防水
근사록운 징분여구화 질욕여방수

"분노 다스리기를 불 끄듯 하고 욕심은 물 막듯 하라."

『근사록近思錄』은 송나라 때 성리학을 세운 대유학자 주자朱子와 그의 제자 여조겸呂祖謙이 함께 지은 책이다. 총 14권 14부 622조목에 교양과 처세, 일상 수양을 위한 금언을 담았다.

불은 서둘러 진화해야 하고 물은 빈틈없이 막아야 한다. 불이 번지는 것은 순식간이다. 마찬가지로 분노에 휩싸여 타오르게 되면 아무것도 남겨지는 것이 없다. 욕심도 그렇다. 틀어막아야 한다. 방죽 작은 틈새로 스며든 물을 방치하면 결국은 모든 것이 휩쓸려버리는 이치와 같다.

14

夷堅志云 避色如避讐 避風如避箭 莫喫空心茶 少食中夜飯
이견지운 피색여피수 피풍여피전 막끽공심다 소식중야반

"원수 피하듯 여색을 피하고 화살 피하듯 바람을 피하라. 공복에 차 마시는 일을 삼가고 한밤중의 식사도 줄이라."

『이견지夷堅志』는 송나라 때 홍매洪邁가 귀신과 신선의 이야기를 엮은 책이다. 원래 420권이었으나 현재는 50여 권이 남았다고 한다.

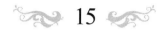
荀子曰 無用之辯 不急之察 棄而勿治
순자왈 무용지변 불급지찰 기이물치

"쓸모없는 말과 급하지 않은 일에 매달리지 않도록."

순자는 전국시대의 유학자로서 이름은 황況이다. 본디 인간의 성품
은 착하다는 맹자의 성선설性善說에 동의하지 않고 성악설性惡說을 주창
했다. 위 문장에서의 물치勿治는 '~을 하지 마라'는 말인데 이를 한 번
더 풀어본다면 '구태여 할 필요가 없다' 는 뜻이다.

子曰 衆好之必察焉 衆惡之必察焉
자왈 중호지필찰언 중오지필찰언

**"뭇사람이 좋아해도 반드시 살펴봐야 한다. 뭇사람이 싫어해도 반드시
살펴봐야 한다."**

공자의 이 말은 오늘날의 정치지도자들이 금과옥조金科玉條로 삼아야
할 내용이다. 나보다는 뭇사람이 좋아하고 싫어하는 까닭을 먼저 살피
고, 그것이 어떤 일이든 균형을 잃지 않는 태도를 가질 수 있다면, 편

견과 사심 없이 공동체의 유익을 앞세울 수 있다는 의미를 담고 있다.

17

醉中不語 眞君子 財上分明 大丈夫
취중불어 진군자 재상분명 대장부

**"술에 취했더라도 (속에 담아둔 것을) 말하지 않는 사람이 진정한 군자
요, 재물을 다루는 일에서 분명한 사람은 대장부다."**

누구나 다 하소연하고 싶은 사연 몇 개씩은 가슴에 담고 살아간다.
그러다가 취기가 오르면, 자신도 모르게 마음의 바닥을 드러내놓는
경우도 생긴다. 인지상정의 어쩔 수 없는 부분이다. 그러나 저 글쓴이
는 이런 감상感傷까지도 통제할 수 있어야 군자(성숙한 사람)라고 말
한다. 어떤 상황에서든 감정노출에는 반드시 자중이 필요하다는 뜻이
겠지. 또 누군가는 관계성에서 이해타산을 따지지 않는 흉금을 지녔
을까. 그렇더라도 계산은 분명하게 하는 것이 정녕 장부丈夫(제대로 된
사람)다운 태도라고 말한 것도 같은 의미이나.

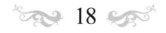

萬事從寬 其福自厚

만사종관 기복자후

"모든 일에 너그러우면 복은 저절로 두터워질 것이라."

　성경(빌4:5)에 이런 말씀이 있다. "너희 관용을 모든 사람이 알게 하라. 주께서 가까우시니라." 관용寬容이라고 번역된 고전 그리스(헬라)어의 원어를 우리의 다른 말로 대체할 마땅한 단어가 없다. 양보와 유순함, 친절과 인내, 용서와 협력하려는 마음가짐 등등의 뜻을 포괄적으로 지니고 있기 때문이다. 다만 위 문장과 '관용'으로 번역된 성경 원어(토 에피에이케스)의 뜻을 연결시켜서 이렇게 말해주고 싶다. 관용은 대상을 너그럽게 대하고 봐주는 마음가짐이라고. 냄새나고 보기 싫은 것을 덮어주는, 그 마땅찮은 것들이 그래도 꾸역꾸역 기어 나올 때는 걷어차기보다 오히려 감싸 안아버리는 능력. 시인은 그대가 이런 힘을 지닌 사람이라고 믿는다. 그대는 복 있는 사람이니까.

19

太公曰 欲量他人 先須自量 傷人之語 還是自傷 含血噴人 先污其口

태공왈 욕량타인 선수자량 상인지어 환시자상 함혈분인 선오기구

"다른 사람을 헤아리기 전에 먼저 자신을 살펴보라. 남을 해치는 말이 오히려 스스로를 해친다. 피를 머금어 남에게 내뿜으려면 먼저 자신의 입에 물어 더러워지는 것처럼."

돌이켜보니, 살아오는 동안 내보였던 언어태도가 참 마땅찮다. 스스로의 생각에 다른 어떤 이들보다 월등한 의식과 행동규칙을 지녔다고 여겼다. 그랬으니 발성되는 음색에 날카로움이 섞였을 수밖에. 듣는 이들에게는 마치 꾸짖는 말처럼 들렸으리라. 관계성에서의 배려나 균형감각에도 충실하지 못했다. 시인의 품성 함량은 사실 그렇게 보잘것없는 것이었다. 그러면서도 뾰족한 소리내기를 잘했다. 그러므로 그대는 다음의 말을 명심해주기 바란다. 사람을 대할 때 중요한 것은 판단하는 일이 아니라 상대를 있는 그대로 인정해주는 일이라는 것을. 상대의 존재성 또한 나 못지않게 소중하다는 사실을. 그런 온유함과 분별력을 지닐 때에야 비로소 성숙한 인간이 될 수 있다는 것을.

20

凡戲 無益 惟勤 有功
범희 무익 유근 유공

"대부분의 놀이는 유익이 없다. 오직 부지런함으로만 공을 이룰 수 있다."

21

太公曰 瓜田不納履 李下不整冠
태공왈 과전불납리 이하부정관

"외밭에서 신을 고쳐 신지 말고 오얏(자두)나무 밑에서는 관을 고쳐 쓰지 말라."

　어떤 일을 하든지 남에게 의혹의 눈길을 받지 않도록 태도를 분명하고 확실히 하라는 태공의 말이다. 이하李下는 오얏나무 아래를 말하는데 오얏의 표준어는 자두이다.

22

景行錄曰 心可逸 形不可不勞 道可樂 心不可不憂 形不勞則
怠惰易弊
경행록왈 심가일 형불가불로 도가락 심불가불우 형불로즉태타이폐
心不憂則荒淫不定 故 逸生於勞而常休 樂生於憂而無厭
심불우즉황음부정 고 일생어로이상휴 낙생어우이무염
逸樂者 憂勞 豈可妄乎
일락자 우로 기가망호

"마음이 편할지라도 몸은 수고로워야 하느니. 도를 즐긴다고 근심을 버

릴 텐가. 몸이 수고롭지 않으면 게으름의 폐단이 생기고 마음에 염려하지 않으면 주색에 빠져 안정할 수 없도다. 그러므로 삶이 수고로우면 늘 편안함이 따를 것이라. 염려함에서 얻는 즐거움은 싫증도 없는 것이거늘 어찌 편하고 즐겁다고 염려와 수고로움을 잊겠는가."

사람아, 그대는 이 말을 생각하고 또 생각하면서 잊지 않기를 당부한다.

23

耳不聞人之非 目不視人之短 口不言人之過 庶幾君子
이불문인지비 목불시인지단 구불언인지과 서기군자

"남의 잘못을 듣지 않고, 단점을 보지 않으며, 과실을 말하지 않으니 정녕 군자가 아니겠는가."

삶의 태도가 정녕 위와 같다면 마음가짐이 참으로 반듯하고 선한 사람, 즉 군자라고 일컬어져도 부족함이 없다. 남의 부족함을 통해 자신의 모자람을 반성할 것이 분명하기 때문이다. 어떤 소문이 경박한 사람에게 닿았을 때는 그 말이 부풀려져서 번져나가지만 그러나 군자에게 닿았을 때는 거기서 멈춘다. 밖에 퍼져 나가지 않도록 다 담아서 덮어버리는, 그 마음에 지닌 두텁고 큼직한 보자기 때문이다.

24

蔡伯皆曰 喜怒在心 言出於口 不可不愼
채백개왈 희로재심 언출어구 불가불신

**"기쁨과 노여움은 마음에 있으나 입을 통해 밖에 나온다. 그러니 어쩌겠
는가. 삼갈 수밖에."**

　채백개는 후한後漢 영제靈帝 때의 학자다. 저서로 『채중랑전집』을 남
겼다.
　말은 혀와 입술을 통해 나온다. 그러나 이 발성의 주체는 혀와 입
술이 아니다. 생각은 마음에서 나오고, 이 생각의 지시에 따라서 혀가
움직인다. 무릇 생각이 비뚤어진 사람은 그 표현하는 말의 발성 자체
에서도 비뚤어진 소리가 난다. 반면에 그 마음과 생각이 반듯한 사람
은 발성의 형태가 비록 그럴듯한 미성美聲이 아닐지라도 거기에는 따
뜻한 공명이 담겨 있다.

宰予晝寢 子曰 朽木 不可雕也 糞土之墻 不可圬也
재여주침 자왈 후목 불가조야 분토지장 불가오야

"썩은 나무로 조각품을 만들 수 있겠느냐. 더러운 흙으로 담장을 손질할

수 있겠느냐.”

낮잠의 습관을 지닌 게으른 제자를 공자가 꾸중한 내용이다. 재여宰
予는 언변이 뛰어났다고 알려져 있다. 흔히 자아子我라고 일컫는다. 그
리고 그는 마음이 열려 있는 사람이었다. 스승의 꾸지람에 크게 깨닫
고, 부지런히 일하며 학문에 정진하여 나중에 공자 십철十哲의 한 사람
이 됐다.

26

紫虛元君 誠諭心文曰 福生於淸儉 德生於卑退 道生於安靜
자허원군 성유심문왈 복생어청검 덕생어비퇴 도생어안정

命生於和暢 憂生於多慾 禍生於多貪 過生於輕慢 罪生於不仁
戒眼莫看
명생어화창 우생어다욕 화생어다탐 과생어경만 죄생어불인 계안
막간

他非 戒口莫談他短 戒心莫自貪嗔 戒身莫隨惡伴 無益之言
莫妄說
타비 계구막담타단 계심막자탐진 계신막수악반 무익지언 막망설

不干己事 莫妄爲 尊郡王孝父母 敬尊長 奉有德 別賢愚 恕無識
불간기사 막망위 존군왕효부모 경존장 봉유덕 별현우 서무식

物順來而勿拒 物旣去而勿追 身未遇而勿望 事已過而勿思 聰
明多暗昧

물순래이물거 물기거이물추 신미우이물망 사기과이물사 총명다암매
算計失便宜 損人終自失 依勢禍相隨 戒之在心 守之在氣 爲
不節而
산계실편의 손인종자실 의세과상수 계지재심 수지재기 위불절이
亡家 因不廉而失位 勸君自警於平生 可歎可警而可思 上臨之
以天鑑
망가 인불렴이실위 권군자경어평생 가탄가경이가사 상림지이천람
下察之以地祗 明有三法相繼 暗有鬼神相隨 惟正可守 心不可欺
戒之戒之
하찰지이지지 명유삼법상계 암유귀신상거 유정가수 심불가기 계
지계지

"청렴 검소하면 복이 생긴다. 덕은 몸 낮추는 겸손으로 만들어진다.
도는 안정된 곳에서 발생한다. 천명은 화창한 곳에 있다. 욕심이 많으면
근심은 저절로 생긴다. 탐욕을 부리면 재앙이 찾아온다. 경솔하고 건방
지면 잘못이 빚어진다. 어질지 못함은 죄악이다. 그릇된 것을 보지 않도
록 눈을 단속하라. 다른 사람의 단점을 말하지 않도록 하라. 마음을 단속
하여 쉽게 성내거나 기뻐하지 않도록 하라. 몸을 경계하면 악한 자를 따
르지 않게 된다. 이로움 없는 말을 함부로 할 텐가. 관계없는 일에 함부
로 나서지 말라. 임금을 존경하며 부모에게 효도하라. 마땅히 어른을 존
경할 것이다. 덕 있는 사람을 받들라. 현명함과 어리석음을 분별하되 무
식한 사람을 나무라지 않도록 하라. 순리대로 들어온 물건이면 거절할
필요가 없다. 또 물건이 지나갔는데 미련을 가지면 무슨 소용이 있는가.
총명할지라도 어두워질 때가 있는 것처럼 잘 세운 계획도 어긋날 때가
많다. 남에게 입힌 손해가 결국은 자신에게 돌아온다. 세력에 기대면 말
썽이 생길 것이다. 그러므로 마음을 삼가라. 자신의 힘을 잘 간직하라.

절약하지 않으면 집안을 망치게 된다. 청렴하지 않으면 딛고 선 자리를 잃는다. 그대에게 평생 스스로 경계할 것을 권한다. 부디 이를 잘 생각하라. 위에는 하늘의 거울이 있고 땅에서는 신령이 살피고 있음을. 밝은 곳에 삼법이 있고 이를 지나친다한들 어두운 곳에서는 귀신이 따르고 있느니. 올바르기 위해서는 마음을 속이지 말아야 할 것이다. 이를 경계하고 또 경계하라.”

자허원군이 어느 때 사람인지는 알려져 있지 않다. 여자 선인이라는 것만 유추해볼 수 있을 뿐이다. 도가道家에서 선인의 호칭은 진인眞人(남자)과 원군元君(여자)이다.

내용이 세심하다. 삶의 길을 어떻게 걸어가야 하는지 닿게 하려는 성의가 글에 가득하다.

지금은 소통이 막힌 시대가 맞다. 아무리 살펴봐도 언어, 행동, 태도 등 모든 가치판단이 다 자기중심적이다. 뜻과 수준에 일치하지 않으면 교감할 수 없다고 단정해버린다. 통할 수 있는 길을 찾아보려 애쓰는 일조차 쓸모없다고 여긴다. 이런 상태에서는 각 세대와 각 계층 사이의 골이 점점 깊어질 수밖에 없다. 진정으로 소통하려면 신분의 귀천, 배움의 유·무식도 상관하지 않아야 한다. 특히 좀 고상한 의식을 지닌 사람들이 유념해야 할 부분이 있다. 자신의 성품이 고결하다고 상대에게서 느껴지는 천박함을 비웃지 않아야 한다는 것. 그것은 단지 제멋에 겨운 느낌일 뿐 사실은 아니다. 사람 영혼의 가치는 같기 때문이다. 상대의 존재성을 그대로 인정할 수 있는 힘은 인간의 존엄성에 대한 존중으로 말미암는다. 이런 의식을 가진 사람에게는 ‘한 사람의 영혼이 온 천하보다 귀하다’고 부끄러움 없이 말할 수 있는 자격이 있다. 위 문장에도 이런 부분을 경계하며 ‘현명함과 어리석음을 분별하되 (그렇다고) 무식한 사람을 나무라지 않도록 하라'는 내용이 나온다. 사람을 대하는 일에 성의를 다하라는 뜻이다. 자기보다 약하거나 무식한 사람을 얕보고 나무라고 배척하는 것은 남의 탓을 잘하는 사람들의 습관이기도 하다. 그 정서의 대부분은 메말라 있기 십상이다. 또 하나의 특징은 자기기만에 익숙하다는 것. 그러면서 제 잘났다며 살고 있다.

위 내용의 말미 부분에 '명유삼법상계明有三法相繼'라는 문장이 등장했다. 우리가 사는 밝은 세상에는 경輕(가벼운), 중中(어중간한), 중重(무거운)의 세 가지 율법이 늘 이어지고 있음을 말하는데 사람은 어떤 상황에서도 이를 비켜갈 수가 없다. 때문에 자타를 포함한 모든 관계성에서 성의를 다해야 하며, 이것은 서로의 존재성에 대한 존중이며 존엄이 된다는 가르침을 담고 있다.

第六篇 분수를 알면 삶이 편하다(安分 篇)

분수에 맞춰 넘치지 않고 만족하며 사는 것을 수분지족守分知足이라
고 한다. 이런 삶의 태도에 흔들림이 없다면 뜻이 꺾였을 때도, 납득
하지 못할 천명天命을 마주쳤을 때도 이를 수긍할 수 있다. 스스로의
존엄성이 상했다고 여기지도 않는다.

안분安分 편의 내용은 짧은 몇 단락의 구절로 이뤄져 있다. 욕심과
포부의 실현을 위해 지나치게 넘침으로 말미암는 근심과 걱정 다스
리는 길을 일러준다.

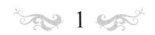

1

景行錄云 知足可樂 務貪則憂

경행록운 지족가락 무탐즉우

"만족할 줄 알면 즐거워진다. 탐내게 되면 근심하게 된다."

이 사실을 모르는 이가 어디 있을까. 그런데 왜 우리의 삶은 근심의 연속일까. 그 원인은 피조물이 주인 행세를 하려는 때문이다. 많이 움켜쥐고, 파묻어 놓고 그걸 지배하고 싶다는 생각. 이런 상태에서 벗어날 수 있는 해답은 이렇다. 작은 일(지금 해야 하는 일이 보잘것없게 여겨지더라도)에 충성하는 것. 그러니까 자신을 욕심에 얽어매지 마라. 지금의 상태가 못마땅하더라도 받아들이기(납득)를 힘쓰라. 자신의 삶에서 만족할 수 있는 부분을 찾아보고 그것을 누리면서 즐거워하라. 현재가 불만족스럽다고 탓하며 분노하기만 할 텐가. 지금의 시간 또한 지나가는 것이다. 우리는 다만 '늘' 최선을 다할 뿐이다. 유한한 존재들이 마주하는 시간 속에는 한탄스러운 일이 많다. 그렇더라도 이 시간을 다시는 되돌릴 수 없음도 잊지 말아야 할 것이다.

2

知足者 貧賤亦樂 不知足者 富貴亦憂
지족자 빈천역락 부지족자 부귀역우

"만족할 줄 알면 가난해도 즐겁다. 만족할 줄 모르면 부귀를 누려도 근심만 쌓을 뿐이다."

분수를 알면 만족할 수 있다. 사람에게 주어진 기능(talent)은 천차만별인데, 자신의 기능을 지족知足(한계를 알고 인정)하지 못한다면 어찌 삶이 즐거울 수 있겠는가. 지족하는 자는 자기에게 맡겨진 작은 일에 충성하는 사람이다. 그는 행복하다.

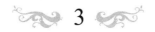

3

濫想 徒傷身 妄動 反致禍
남상 도상신 망동 반치화

"허황된 생각을 하면 몸이 상한다. 돼먹지 못한 짓은 화를 부른다."

다른 말은 덧붙이지 않겠다. 다만 시편 24편 3~4절의 구절이 떠올라서 적어본다.

"여호와의 산에 오를 자 누구이며 그 거룩한 곳에 설 자가 누군가.

곧 손이 깨끗하며 마음이 청결하며 뜻을 허탄한 데 두지 아니하며 거
짓 맹세치 아니하는 자로다."

4

知足常足 終身不辱 知止常止 終身無恥
지족상족 종신부욕 지지상지 종신무치

**"늘 만족할 줄 알면 평생이 욕되지 않다. 적절히 멈출 줄 알면 평생에 부
끄러움이 없다."**

바쁜 세상이다. 빠르고 편리함을 우선 추구한다. 행동반경도 넓어
졌다. 이런 상태에서는 자동차가 생활필수품일 수밖에 없다. 그렇다
면 자동차에서 취우선의 기능은 무엇일까. 너무 우스운 질문이라고?
하긴, 이 몸은 어디를 향하는지도, 언제 멈춰야 하는지도 모르고 내달
린 적이 많다. 그래서 저런 치졸한 질문을 했다. 숨 꼴깍 넘어갈 지경
에 다다랐던 경험도 한두 번이 아니다. 그런 까닭에 정색을 하고 말
한다. 언제, 어디서 멈춰야할지 그것을 정확히 알고 있으라. 만족할
줄 모르고 멈출 줄도 모르면, 그 내달려온 시간 속에는 부끄러움이
함께 남는다.

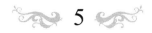

5

書曰 滿招損 謙受益
서왈 만초손 겸수익

"가득 차면 줄어들고 겸손하면 이익을 얻게 된다."

『서경書經』에 있는 말이다. 절정에 이르면 시들게 되는 것은 하늘이
정한 이치. 절정에 있을 때 겸손하게 처신하면 시들어도 업신여김을
받지 않는다는 뜻이다.

6

安分吟曰 安分身無辱 知機心自閑 雖居人世上 却是出人間
안분음왈 안분신무욕 지기심자한 수거인세상 각시출인간

**"분수를 지키면 몸에 욕됨이 없고, 세상 움직여지는 기틀을 알면 마음은
저절로 한가해진다. 인간 세상에 있으나 이미 인간의 경지를 벗어난 것
이 되리라."**

안분음安分吟은 송나라 때 지어진 안분시를 말한다. 분수를 지키고
세상을 움직이는 이치의 비밀을 깨닫게 되면, 비록 몸은 세상에 섞여
살더라도 마음의 경지는 속세를 벗어날 수 있다는 것이 위의 내용이다.

7

子曰 不在其位 不謨其政
자왈 부재기위 불모기정

"그 지위에 있지 아니하면 그 역할을 도모하지 않는다."

공자께서 남긴 이 말은 오늘날에도 여러 생각을 하게 한다. 삼가는 것과 배려도 없이 아무 곳이나 넘나드는 방자함을 권리라고 여기게 된 세상. 그러나 진리는 변하지 않는다. 피조물이 할일은 오직 자신에게 맡겨져 감당해야 할 작은 일에 충성하는 것뿐이다. 허락된 기능(talent)을 지족知足하며 거기서 느끼는 만족과 기쁨을 누리는, 이것이 안분安分이다.

第七篇 마음이 있는 곳에(存心篇)

물질은 넘치는데, 그럴수록 더 각박해지는 것이 사람의 마음일까. 진정한 풍요로움은 마음을 닦아 지족知足함으로 말미암는다. 시와 문학, 그 외에 여러 예술도 마음에 풍요로움을 제공하기 위한 장치이다. 세상을 아름답게 변화시키기 위해 사용되는 귀한 도구라는 뜻이다.

존심存心 편에는 특히 마음을 반듯하게 닦아 풍요로움을 누리는, 그런 삶의 태도를 갖게 하는 이정표가 제시되어 있다.

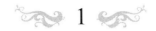

1

景行錄云 坐密室 如通衢 馭寸心 如六馬 可免過
경행록운 좌밀실 여통구 어촌심 여육마 가면과

"밀실에 앉았어도 네거리에 있는 것처럼 조심하라. 마음 씀씀이는 육두마차를 탄 것처럼 하라. 허물을 면할 수 있으리라."

이 말의 서두와 상통하는 내용이 『중용中庸』에도 기록되어 있다. 신기독야愼其獨也, 즉 혼자 있을 때도 근신한다는 것. 하물며 어디든 통할 수 있는, 활짝 열린 곳에 있다면 어떤 것도 감출 수가 없다. 그 언행심사를 떳떳하게 만들 수밖에. 또 마음 씀씀이를 육두마차 탄 것처럼 하라는 말에는 은유가 숨어 있다. 여섯 마리 말이 이끄는 마차는 대로를 행한다. 남의 눈을 피하지도 않는다. 달리는 모습은 근엄하고 당당하다. 그러나 고삐를 통제하지 않으면 엉뚱한 곳을 짓밟을 수 있다. 늘 이것을 염두에 두는 마음가짐이라면 그 삶에 어찌 큰 허물이 생기겠는가.

2

擊壤詩云 富貴如將智力求 仲尼年少合封侯 世人不解靑天意
격양시운 부귀여장지력구 중니연소합봉후 세인불해청천의
空使心身半夜愁
공사심신반야수

"부귀를 지혜와 힘으로만 얻을 수 있다면 공자는 젊은 날 제후가 되고도 남았을 것이다. 사람으로서는 이해하기 어려운 하늘의 뜻이여. 헛된 일을 추구하는 몸과 마음은 한밤중까지 시달리고 있구나."

송나라 때의 학자 소옹邵雍의 시집에 있는 시 한 편이다. 사람의 부귀는 노력이 전부가 아니라 하늘의 뜻에 의해 주어진다는, 천의天意의 주도권을 강조했다.

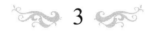

3

范忠宣公 戒子弟曰 人雖至愚 責人則明 雖有聰明 恕己則昏
爾曹但當
범충선공 계자제왈 인수지우 책인즉명 수유총명 서기즉혼 이조단당
以責人之心 責己 恕己之心 恕人 則不患不到聖賢地位也
이책인지심 책기 서기지심 서인 즉불환불도성현지위야

"어리석은 사람도 남을 책할 때는 영악하다. 총명한 사람도 자신의 잘못에는 어지럽다. 마땅히 남을 책하는 마음으로 자신을 책하라. 나를 용서하는 마음으로 남을 용서해라. 걱정이 없어지고 성현의 경지에도 닿을 수 있을 것이다."

범순인范純仁은 북송 철종 때의 재상이었다. 지극한 효성을 갖춘 사람으로 알려져 있다. 충선忠宣은 내려 받은 시호.

윗글은 남에게 엄격하고 각박하지만, 자신에게는 한없이 너그러운

인간심리에 대한 통찰이다. 그것을 자식들에게 말하고 있다. 자신에게
는 엄격하고 타인은 관대하게 대하는 삶의 태도를 지니게 되면 근심
과 걱정이 사라지고 장차 성현의 경지에도 닿을 수 있다는 권면이다.

4

子曰 聰明思睿 守之以愚 功被天下 守之以讓 勇力振世 守之
以怯
자왈 총명사예 수지이우 공피천하 수지이양 용력진세 수지이겁
富有四海 守之以謙
부유사해 수지이겸

**"총명하고 슬기로운가. 어리석은 체하며 이를 지켜라. 천하를 덮을 공을
세웠는가. 낮춤으로 이를 지켜라. 세상을 진동시킬 용맹을 지녔는가. 겁
내는 체하며 이를 지켜라. 그 부유함이 넘쳐나는가. 이 또한 낮춤으로 지
켜라."**

공자는 자중함으로써 자신의 삶을 지키라고 했다. 이 말뜻의 핵심
은 지닌 역량이 아무리 대단하다 한들 그것을 공공연히 내세우지 말
라는 것이다. 사람 사는 세상에는 늘 시기와 질투가 넘친다. 역량이
있는 사람을 용납하기 싫어한다. 심할 경우에는 아무 이해타산이 없
음에도 불구하고 폄훼해서 넘어뜨리려는 경우도 있다. 이유는 한 가
지뿐이다. 인정해주기 싫다는 것. 이는 대체로 열등감을 지닌 사람들
이 내보이는 특징인데, 세상에는 이런 강박관념의 상처를 지닌 사람

들이 너무 많다. 때문에, 부득이하게 공동체의 유익을 위해서 그 역량을 발휘해야 할 경우가 아니면 은인자중隱忍自重하는 것이 좋다.

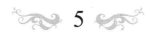

5

素書云 薄施厚望者 不報 貴而忘淺者 不久
소서운 박시후망자 불보 귀이망천자 불구

"조금 베풀고 많이 바란들 보담은 없다. 귀해졌다고 비천한 때를 잊는 자가 오래가겠는가."

『소서素書』는 한나라 때 황석공黃石公이 쓴 책이다. 거기에 담겨 있는 이 내용의 뜻을 이렇게 해석하고 싶다. 조금 베풀고 생색을 내는 것은 깨끗한 마음을 지닌 이들이 할 일은 아니라고. 그건 경박함이다. 마찬가지로 비천한 자리에 있던 자가 귀하게 됐다고 옛일을 잊은 듯 처신하는 까닭은 무엇일까. 그건 본성의 구질구질함을 아직 벗어던지지 못했기 때문이다. 내면에는 여전히 열등감과 강박감이 자리 잡고 있을 수 있다. 가끔은 이것이 허세로 나타날 때가 있는데 이 또한 우스꽝스러운 경우가 많다.

조금 베풀면서 무엇을 그리 많이 바라는가. 천하다가 신분이 조금 상승했다고 내세울 건 또 뭐가 그리 많은가. 무릇 명문가라 일컬어지려면 세인의 존중을 받는 세월이 삼사 대를 이어야 겨우 가능하다. 아무것도 아니었다가 조금 성취한 사람들은 부디 이 말을 잊지 않기를.

6

施恩 勿求報 與人 勿追悔
시은 물구보 여인 물추회

"베풀었거든 보답을 바라지 말라. 주었거든 후회하지 말라."

　다른 말보다는 마태복음 6장 3절의 '오른손이 하는 일을 왼손이 모
르게 하여'라는 말씀을 덧붙이고 싶다. 이런 선한 동기까지 다 보고
계신 분이 존재하심을 시인은 믿는다.

7

孫思邈曰 膽欲大而心欲小 知欲圓而行欲方
손사막왈 담욕대이심욕소 지욕원이행욕방

**"담력은 크게 갖되 마음은 세심해야 한다. 원만한 지혜를 갖추고 행동에
는 어긋남이 없어야 한다."**

　손사막은 당나라 때의 학자다. 노장老莊 학문과 음양, 의학, 천문학
에 조예가 깊었다. 저서로는 의학서 『천금방千金方』 93권이 있다.
　위의 말은 처신의 지침이다. 마음가짐의 당당함과 섬세함, 모나지
않은 지혜와 행동의 반듯함을 갖추라는.

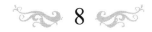
念念要如臨戰日 心心常似過橋時
념념요여임전일 심심상사과교시

**"생각은 꼭 전쟁을 앞둔 날과 같이 하라. 마음가짐은 늘 다리를 건널 때
처럼 하라."**

생각의 특징은 범람과 날뜀이다. 천재형의 자유분방한 상상력을
지녔고 성품까지 격정적인 사람들에게는 이런 부분이 더욱 두드러진
다. 자기 스스로 이를 걷잡지 못하는 경우도 많다. 그런데 위 문장에
서는 생각의 방향과 범위를 임전상태처럼 하라고 말한다. 전쟁터는
목숨을 장담하지 못하는 곳이다. 생각의 태도 또한 그처럼 긴장하고
신중해야 경거망동을 삼갈 수 있다는 뜻이다. 뒷부분의 내용도 마찬
가지다. 돌다리도 두들겨보고 건넌다는 속담처럼 옛날의 오래된 다리
는 대부분 풍우에 삭아 허술했다. 그러니까 매사를 대하는 마음가짐
또한 그런 다리 건너는 것처럼 조심하라는 당부이다.

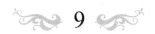

9

懼法朝朝樂 欺公日日憂
구법조조락 기공일일우

"법을 두렵게 여기면 아침이 즐겁고, 공적인 일에 속임수를 쓰면 하루하루가 근심스럽다."

법도를 따르면 그 잠자리가 편하다. 잠자리가 편하면 아침이 즐거울 수밖에. 하물며 공적인 일을 속여 행한 후의 불안과 근심을 여기에 새삼 거론해 무엇 하리오.

10

朱文公曰 守口如甁 防意如城
주문공왈 수구여병 방의여성

"병마개를 하듯 입을 지키라. 성 지키듯 고집을 막으라."

주문공은 성리학을 일으킨 주희朱熹, 주자朱子를 말한다. 『시집전』, 『사서집주』, 『자치통감강목』, 『근사록』, 『소학』 등의 저서를 남겼다.

언어 태도와 마음가짐에 대한 교훈이다. 문장에 매우 강한 표현들이 사용됐는데, 여병如甁은 병마개를 단단히 틀어막듯 그렇게 혀와 입술을 단속하라는 뜻이다. 방의防意도 마찬가지다. 뜻을 막으라는 것은 선한 뜻을 억누르라는 의미가 아니다. 엉뚱한 고집과 터무니없는 욕심이 발동하면 그것을 마치 성을 사수死守(목숨을 걸고 지킴)하듯 물리치라는 것이다.

11

心不負人 面無慙色
심불부인 면무참색

"배신할 마음이 없다면 얼굴에 부끄러운 빛이 나타날 까닭이 없다."

  난처한 상황에 대한 이야기가 오가면 얼굴이 붉어진다. 당사자가 아닌데도 얼굴 붉어지는 까닭을 모르겠고, 좀 어색할 때가 있다. 그런데 공동체에 난처한 일을 발생시킨 사람은 오히려 아닌 척, 태연한 척하는 것을 여러 번 봤다. 도대체 그 심사는 어떻게 생긴 것일까. 남들은 보지 못하는 그 눈빛의 부끄러움을 시인은 감각할 수 있어서겠지. 그래서 더 궁금하다.

12

人無百歲人 枉作千年計
인무백세인 왕작천년계

"백 년을 사는 사람 없건만 천 년의 계획을 세우는구나."

  덧붙이는 말,

① 부질없는 집착과 환상에서 벗어날 것

② 오늘 할 수 있는 일을 내일로 미루지 말고 지금 당장 실행할 것

③ 바로 지금의 시간 속에서 힘껏 섬기고 나누며, 마음껏 누릴 것

13

寇萊公六悔銘云 官行私曲失時悔 富不儉用貧時悔 藝不少學
過時悔

구래공육회명운 관행사곡실시회 부불검용빈시회 예불소학과시회

見事不學用時悔 醉後狂言醒時悔 安不將息病時悔

견사불학용시회 취후광언성시회 안불장식병시회

"벼슬아치가 사욕을 앞세우면 자리를 잃고서 후회한다. 검소하지 않으면 가난해져서 후회한다. 기예를 젊을 때 배우지 않으면 나이 들어서 후회한다. 일을 보고 배우지 않으면 필요할 때 후회한다. 술 취했을 때의 미친 말은 깨어나서 후회한다. 편할 때 쉬지 않으면 병이 들어서 후회한다."

구준寇準은 북송 때의 재상이었다. 요나라를 세워 국력을 확장하던 거란족의 침공을 잘 수습하여 구래공寇萊公이라는 시호를 받았다.

윗글은 사람이 대체로 후회하게 되는 여섯 가지 사연을 담고 있다. 공무수행을 사적인 일과 연관시킨 것, 검소하지 않은 것, 젊을 때 기예技藝를 익혀두지 않은 것, 일을 보고 배워두지 않은 것, 술 취해서 함부로 말한 것, 쉴 줄 모른 것.

14

益智書云 寧無事而家貧 莫有事而家富 寧無事而住茅屋 不有事
而住金屋

익지서운 영무사이가빈 막유사이가부 영무사이주모옥 부유사이주
금옥

寧無病而食麤飯 不有病而服良藥

영무병이식추반 부유병이복양약

"가난해도 탈 없는 집이 탈 많은 부잣집보다 낫다. 걱정 없는 초라한 집
이 걱정 많은 좋은 집보다 낫다. 거친 잡곡밥이 병들어 좋은 약을 먹는
것보다 낫다."

행복이 물질에 있지 않다는 내용이다. 몸과 마음이 강건하다면 굳
이 외형적 소유가 적다고 고민하지 않는다. 안빈낙도^{安貧樂道}를 수긍하
는 삶의 태도가 그렇다.

心安茅屋穩 性定菜羹香

심안모옥은 성정채갱향

"마음이 편하면 초가집에서도 조바심이 없고, 성품이 정돈되어 있으면
나물국에서도 향기를 맛볼 수 있다."

16

景行錄云 責人者 不全交 自恕者 不改過
경행록운 책인자 불전교 자서자 불개과

"꾸짖기 잘하는 사람과는 온전히 사귀기 어렵고 스스로의 허물을 흐리는 사람은 고치기 어렵다."

문득 일본의 역사소설에 나온 구절이 생각난다. 타인에게는 관대하고 자신에게는 엄격하라는, 이 말을 우리 모두 잊지 않으면 좋으련만 지금은 작은 빈틈조차 들쑤셔 비난을 퍼붓는 가혹한 세상이 됐다. 그러면서 자신에게는 어찌 그렇게 너그러운지. 자기반성이라는 단어조차 잊어버린 것처럼.

17

夙興夜寐 所思忠孝者 人不知 天必知之 飽食暖衣 怡然自衛者身雖安
숙흥야매 소사충효자 인부지 천필지지 포식난의 이연자위자 신수안
其如子孫何
기여자손하

"일찍 일어나서 잠들기까지 충효를 생각하는가. 사람은 알아주지 않아도

하늘이 반드시 알고 있다. 배부르게 먹고 따뜻한 옷으로 안락을 취하는가. 자신은 편할지언정 자손들은 어찌될까."

힘껏 섬기고 나누라는 권면이다. 혼자만을 위해 즐기면 편하고 좋겠지. 그러나 자손들은 하늘의 복을 기대할 수 없다는 암시를 담은 내용이다.

18

以愛妻子之心 事親則曲盡其孝 以保富貴之心 奉君則無往不忠 以責人之心
이애처자지심 사친즉곡진기효 이보부귀지심 봉군즉무왕불충 이책인지심
責己則寡過 以恕己之心 恕人則全交
책기즉과과 이서기지심 서인즉전교

"처자를 사랑하는 마음처럼 어버이를 섬기면 그 효가 극진할 것이다. 부귀를 보전하고픈 마음처럼 임금을 받들면 충성 아닌 것이 있겠는가. 남을 꾸짖는 마음처럼 자신을 다스리면 허물이 빌 것이다. 자신을 용서하는 마음처럼 벗을 용서하면 온전한 사귐이 생길 것이다."

내리사랑은 종족보존 본능에 기인한다. 부모는 이미 혈통을 잇는 일의 역할을 마무리하셨다. 그러나 처자식은 또 다음으로 대를 잇는 역할을 하기에 애착을 끊을 수 없다. 간혹 부모가 도외시될 때도 있다. 그러나 사람아, 잊지 마라. 이런 대상을 갖게 된 것이 생애를 다 쏟아 부은 부모의 역할 때문이었다는 것을. 그것을 잊지 않고 고마워 하며 공경하는 것이 효다. 그렇게 할 때 자신의 존재성에 대한 긍지 가 새로워질 것이다.

사람들을 대하는 태도 역시 마찬가지다. 남을 용납한다는 것은 그 존재성에 대한 존중이다. 자신에게 너그러운 것은 어쩔 수 없으나 마 주한 대상도 그렇게 대할 수 있을 때 비로소 표피적이 아닌 진정과 성숙의 관계성이 만들어지기 시작한다. '있는 그대로의 나'를 내보일 수 있고 '상대를 있는 그대로' 보면서 마땅치 않은 것은 덮어버리고 끌어안을 수 있기 때문이다.

19

爾謀不臧 悔之何及 爾見不長 教之何益 利心專則背道 私意 確則滅公

이모부장 회지하급 이견부장 교지하익 이심전즉배도 사의확즉멸공

"계획이 옳지 않으면 후회한들 소용없다. 봐줄 만하지도 않은 것을 가르 친들 무슨 도움이 되겠는가. 오직 이익만을 생각하는 것은 도리에 어긋 나는 것이다. 사적인 고집을 내세워 공적인 일을 망치지 않도록 하라."

20

生事事生　省事事省

생사사생　성사사성

"일은 만들면 생기는데, 덜어버리면 줄어든다."

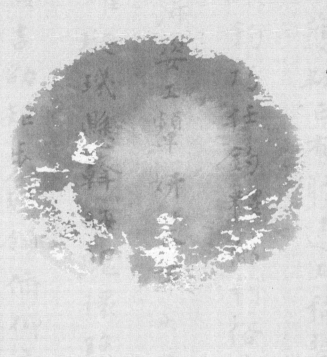

第八篇 내 속에 있는 나(戒性篇)

사람의 성품이 본래 선하게 태어난다, 또는 악하게 태어난다고 주장하는 학문적 성찰이 성선설性善說(맹자)과 성악설性惡說(순자)이다. 그러나 이 계성戒性 편에서는 그 어느 쪽의 입장도 대변하지 않는다. 다만 사람의 성품은 길들여진 그대로 나타난다는 것만을 말하고 있다. 그렇다면 사람에게서 맡을 수 있는 삶의 냄새, 즉 진실함과 선함과 특히 아름다움에 관한 향기의 농도에는 어떤 차이가 있을까. 이것은 한 개인이 쌓은 자중과 절제의 훈련이 어느 정도인가에 따라서 달라질 수밖에 없다. 요체는 분노, 방종, 시기, 질투 그리고 욕심을 얼마만큼 다스려왔느냐 하는 것이다. 이 단원의 내용을 통해서 그대와 시인에게 어떤 부분이 결여돼 있었는지 함께 살펴보자.

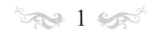

1

景行錄云 人生如水 水一傾則不可復 性一縱則不可反
경행록운 인생여수 수일경즉불가복 성일종즉불가반
制水者 必以堤防 制性者 必以禮法
제수자 필이제방 제성자 필이예법

"사람의 삶은 그릇에 담긴 물과 같아서 쏟으면 돌이킬 수가 없다. 성품 또한 이와 마찬가지로 한번 길들여지면 바로잡기 어렵다. 물을 제어하기 위해 제방을 쌓듯 성품을 다스리기 위해서는 반드시 예법이 필요하다."

  인생여수人生如水라는 말은 흔히 사용하는 비유比喩다. 그러나 그 의미는 깊다. 물길 트인 곳으로 물이 흐르듯 사람의 성품 또한 길들여진 그대로 나타나기 때문이다. 제방을 쌓고 하천을 정비하는 까닭은 다 알고 있다. 함부로 넘치는 물을 가둬두거나 넓은 강으로 잘 흘러가도록 이끌어주기 위함이라는 것을. 성품도 마찬가지다. 틈만 있으면 넘쳐서 범람한다. 이를 다스릴 수 있는 것은 예법인데, 선함과 아름다움과 도리를 향해 나아가도록 길을 열어준다. 기품을 갖추도록 하기 위해서도 이 부분은 반드시 필요하다. 그런데 이것은 학습(배움과 훈련)을 통해서만 만들어진다. 그래서 하는 말일까. 배우지 못하면 사람이 천해진다는 소리. 이는 언행심사에서 기품이 느껴지지 않는, 예禮를 알지 못하는 대상을 향한 표현이겠지만 곧이곧대로 발성하기는 난처할 때가 있다.

2

忍一時之忿 免百日之憂

인일시지분 면백일지우

"한순간 복받치는 분을 참으면 백일 근심을 덜 것이다."

살면서 울화통 터지는 일은 왜 이렇게 많을까. 그래도 참고 참다가 터뜨려버리면 이건 또 뭔가. 그다음에는 꼭 후회하게 되다니. 정말 어찌해야 이런 감정의 복받침을 잘 다스릴 수 있을까. 온유함을 조금이라도 습관화해 놓으면 그게 가능해질까.

공동체에서 맡은 자신의 역할 감당에 관해서 이렇게 말하는 사람이 있다. 자기 방식을 호락호락하게 여기는 대상이 있다면, 그래서 참다가 한번 터지게 되면 걷잡지 못하는 성격이라고. 개중에는 실제 그런 사람도 있다. 하지만 굳이 그 부분을 공공연히 발설하는 것은 스스로를 에너지가 넘치며 내면기질이 강한 사람으로 인정해 달라는, 약간의 허세일 경우가 더 많다. 그것을 감각할 수 있어서겠지. 그런 말을 들으면 그런가 보다 할 뿐이다. 성품이 격정적임을 내세우고 싶어 하는 사람에게는 흥미가 느껴진다. 그러나 그 격정과 열정을 착각하지는 않는다. 격정은 찰나지만, 열정은 지속성을 지닌다는 것에 대해서. 격정이 더 에너지가 넘쳐 보일 수 있다. 그러나 지속성과 절제가 모자라는 경우가 대부분이다. 시인이 결정을 해야 하는 입장에 있다면, 그런 사람에게 선뜻 어떤 역할의 위임을 해줄 것 같지는 않다. 사람을 감동시키는 리더십은 온유함에서 나오기 때문이다. 온유함은 오래 참음을 따뜻하고 부드럽게 행할 수 있는 힘을 말한다.

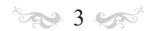

3

得忍且忍 得戒且戒 不忍不戒 小事成大
득인차인 득계차계 불인불계 소사성대

**"참고 또 참으라. 경계하고 또 경계하라. 참지 못하고 경계하지 않으면
사소한 일이 큰일로 번지게 되느니."**

늘 참고 늘 조심하는 일은 정말 쉬운 것이 아니다. 그러나 여기에
인자무적仁者無敵이라는, 너무도 흔히 쓰는 말을 덧붙이고 싶다.

4

愚濁生嗔怒 皆因理不通 休添心上火 只作耳邊風 長短家家有 炎
凉處處同
우탁생진노 개인리불통 휴첨심상화 지작이변풍 장단가가유 염량
처처동
是非無相實 究竟摠成空
시비무상실 구경총성공

"어리석고 흐리멍덩한 자가 화내는 것은 세상 돌아가는 이치에 막혀 있기 때문이다. 마음에 솟구치는 불길도 귓가의 바람처럼 여겨라. 누구나 다 장단점을 지녔고, 더위, 추위 느끼는 것도 같다. 옳고 그름의 모양도 그 알맹이는 없는 것이라. 결국은 텅 비어 있는 것을."

분노가 많아진 세상이다. 반면에 염치는 오히려 더 많이 없어졌다. 대상과의 소통에서도 일방성만 나타난다. 저 글을 썼던 옛날에도 그랬을까. 글쓴이는 이 모든 것이 다 공허라고 말한다. 누구나 다 장단점을 지녔고, 이해타산으로 곳곳에 이합집산離合集散하는 인심의 풍경을 보니 옳고 그름을 가려내는 일이 사실은 다 부질없는 일이라고.

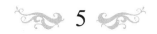

5

子張 欲行 辭於夫子 願賜一言 爲修身之美
자장 욕행 사어부자 원사일언 위수신지미
子曰 百行之本 忍之爲上
자왈 백행지본 인지위상
子長曰 何爲忍之
자장왈 하위인지
子曰 天子忍之 國無害 諸侯忍之 成其大 官吏忍之 進其位
자왈 천자인지 국무해 제후인지 성기대 관리인지 진기위
兄弟忍之 家富貴 夫妻忍之 終其世 朋友忍之 名不廢 自身忍之
無禍害

형제인지 가부귀 부처인지 종기세 붕우인지 명불폐 자신인지 무
과해

자장이 스승의 슬하를 떠나기 전에 가르침을 청했다.

"원컨대 한 말씀을 내리시면 그것을 수신의 미덕으로 삼겠나이다."

공자가 대답했다.

"모든 일을 행함의 근본은 참는 것이 으뜸이다."

자장이 다시 물었다.

"참음의 결과가 무엇입니까."

공자의 가르침이 또 내려졌다.

"임금이 참으면 나라에 해가 없고, 지방을 다스리는 자가 참으면
더 많이 다스릴 기회가 생길 것이다. 관리가 참으면 지위가 높아진다.
형제가 참으면 집안이 부귀해지고, 부부가 참으면 일생을 함께할 수
있다. 친구끼리 참으면 명예가 허물어지지 않는다. 자신을 참으면 허
물과 재앙 또한 없을 것이다."

6

子張曰 不忍則何如
자장왈 불인즉하여
子曰 天子不忍 國空虛 諸侯不忍 喪其軀 官吏不忍 刑法誅
자왈 천자불인 국공허 제후불인 상기구 관리불인 형법주
兄弟不忍 各分居 夫妻不忍 令子孤 朋友不忍 情意疎

형제불인 각분거 부처불인 영자고 붕우불인 정의소
自身不忍 患不除
자신불인 환부제
子張曰 善哉善哉 難忍難忍 非人不忍 不忍非人
자장왈 선재선재 난인난인 비인불인 불인비인

자장이 되물었다.

"만약 참지 못하면 어떤 일이 생깁니까."

공자가 이르기를,

"천자가 참지 못하면 나라가 아무것도 아닌 게 되느니. 마찬가지로 제후가 참지 않으면 그 몸을 잃게 되고, 관리가 삼가지 않으면 형법의 다스림을 받는다. 형제가 참지 않으면 흩어져 살게 되고, 부부가 참지 못하면 자식들을 고아로 만든다. 벗끼리 참지 않으면 정감을 나누는 일에서 멀어진다. 자신을 참지 못하면 근심을 벗어날 길이 없다."

이 말을 듣고 자장이 대답했다.

"옳고도 옳은 말씀입니다. 참는 일은 정말 어렵고 또 어렵습니다. 하오나 사람이 아니면 참기 어렵고, 참지 못하면 사람이 아닙니다."

7

景行錄云 屈己者 能處重 好勝者 必遇敵
경행록운 굴기자 능처중 호승자 필우적

"자신을 굽힐 줄 아는 사람은 중요한 자리에 쓰이겠지만, 이기기 좋아하는 자는 반드시 적을 만날 것이다."

이해타산 때문에 굽실거리는 일이 습관이 된 사람은 여기서 거론치 않기로 한다. 그러나 상대의 입장을 수용할 줄 알고, 그 존재성의 가치를 인정할 줄 아는 사람은 얼마든지 자신을 낮출 수 있다. 내면에 자기 긍지가 있기 때문이다. 이는 온유하고 오래 참고 특히 무례히 행치 않는 힘을 부여받았다는 증거이기도 하다. 이런 사람이라면 다른 이들을 함께 아우르는 중요한 역할을 어떤 공동체에서든지 능히 감당해낼 수 있을 것이다.

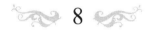

8

惡人罵善人 善人摠不對 不對心淸閑 罵者口熱沸 正如人唾天
還從己身墜
악인매선인 선인총부대 부대심청한 매자구열비 정여인타천 환종
기신추

"악한 자가 헛소리를 지껄여도 착한 이는 상대하지 않는다. 상대치 않으면 마음도 맑고 한가해지는데, 떠드는 그 입에서는 오히려 열이 들끓어 오른다. 하늘에 침 뱉어 다시 자기 몸에 떨어뜨리는 짓처럼."

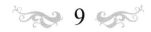

9

我若被人罵 佯聾不分說 譬如火燒空 不救者然滅 我心等虛空
惚爾飜脣舌
아약피인매 양롱불분설 비여화소공 불구자연멸 아심등허공 총이
번순설

"남에게 욕을 먹더라도 귀먹은 체하고 시비를 가릴 것도 없다. 허공에
불은 불은 끄지 않아도 저절로 꺼지느니라. 내 마음 허공과 같은데(막힌
것 없이 활달한데) 누가 쓸데없이 입술과 혀 놀리는 것을 아랑곳하리오."

凡事留人情 從來好相見
범사유인정 종래호상견

"모든 일에 인정을 남기면 후일에 서로 좋은 낯으로 대할 수 있을 것이다."

　사람은 언제 어디서든 예측 못한 상황을 만날 수 있다. 작은 이해
타산 때문에 누군가에게 너무 각박함을 내보이는 일은 하지 않도록
하자. 우리가 난처한 지경에 빠졌을 때는 어디에 하소연하겠는가. 하
늘에 빌 텐가. 각박한 성품을 지닌 자의 하소연까지 하늘이 다 들어
줄 것이라고 믿는가.

第九篇 배움의 이유(勤學篇)

근학勤學은 문자 그대로 부지런히 배워 익히라는 뜻이다. 이유가 있다. 우선 학문은 입신양명의 기회를 준다. 또 사람이 사람답게 살 수 있도록 인의예지신仁義禮智信을 알게 한다. 지덕체智德體를 양성시킨다. 인간으로서의 가치와 존엄성을 높이는 일에서 이것과 대체할 다른 것은 없다. 물론 보편적 종교가 있다. 신앙심을 지닌 이들은 대부분 고결한 양심으로 살아간다.

그런데 여기에도 알아둬야 할 것이 있다. 각자가 믿게 된 종교의 신을 의지하는 순간부터 그 신적 존재를 더 잘 알기 위한 공부가 시작된다는 것에 대해서. 뜻이 이렇게 정해지고 공부가 시작되면, 우리는 차츰 세상과 사물의 이치를 깨닫게 된다. 섭리를 다 알 수는 없더라도 부분적으로나마 더 많이 헤아릴 수 있게 된다는 뜻이다. 이는 삶의 가치추구에서 진정성과 올바름을 향한 발걸음을 내딛는 것과 같다.

다시 말해서 우리가 학문을 익히는 것은 지식의 습득뿐 아니라 지혜를 터득하는 기반을 만들기 위함이다. 이런 태도를 일컬어 피조물이 영원을 향해 맞춘 시각과 초점의 올바른 방향성이라고 한다. 또 다르게는 신의 성품을 닮기 위한 훈련이라고 할 수 있다.

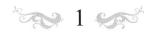
子曰 博學而篤志 切問而近思 仁在其中矣
자왈 박학이독지 절문이근사 인재기중의

"널리 배우고 뜻을 독실하게 세우라. 간절하게 묻고 가까이 생각하라. 인 仁은 그 안에 있느니."

공자는 인仁을 깨닫는 요건을 이렇게 말하고 있다. 첫째, 널리 배울 것. 둘째, 뜻을 독실하게 세울 것. 셋째, 간절하게 물을 것. 그다음은 가까이 생각하라는 것인데, 이 말은 주변을 살핌은 물론 철저한 자기 반성이 필요하다는 뜻을 포함하고 있다.

莊子曰 人之不學 如登天而無術 學而智遠 如披祥雲而觀青天
登高山而望四海
장자왈 인지불학 여등천이무술 학이지원 여피상운이도청천 등고산
이망사해

"사람이 배우지 않으면 재주도 없이 하늘에 오르는 것과 같다. 배워 지 혜가 커지면 상서로운 구름너머 푸른 하늘이 보일 것이다. 마치 높은 산 에 올라 사해를 바라보는 것처럼."

이런 옛글을 떠올려본다. 마당에 떨어지는 오동잎 하나만 보고도 천하에 가을이 왔음을 알 수 있다는 말.

장자의 윗글에는 배움도 없이 포부를 펼쳐보려는 일은 대책도 없고 위험천만한 일이지만, 배움이 깊어 지혜가 늘어나면 사물의 이치와 세상의 움직임을 밝게 헤아릴 수 있고, 그 삶의 길에서도 진퇴가 자유로울 수 있다는 뜻이 담겨 있다.

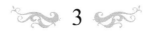

3

禮記曰 玉不琢 不成器 人不學 不知義
예기왈 옥불탁 불성기 인불학 부지의

"옥을 다듬지 않으면 그릇을 만들 수 없다. 사람이 배우지 않으면 올바름을 알지 못한다."

4

太公曰 人生不學 如冥冥夜行
태공왈 인생불학 여명명야행

"배움이 없는 삶의 길은 깜깜한 밤길과 같음이라."

배움이 없으면 세상이치에 대한 분별력을 기대할 수 없다. 그 인생의 걷는 길에서 늘 우왕좌왕할 수밖에. 태공도 이런 인식을 지녔기에 위와 같은 말을 남겼을 것이다.

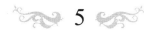

5

韓文公曰 人不通古今 馬牛而襟据
한문공왈 인불통고금 마우이금거

"사람일지언정 옛날과 지금의 일을 알지 못한다면 (그 행색은) 마치 말이나 소가 옷을 걸친 것과 같다."

한문 공韓文公의 이름은 유愈, 자는 퇴지退之이다. 당송唐宋시대의 8대 문장가 중 한 사람이다. 위 문장에는 엄한 훈계와 함께 묘한 야유가 있다. 성현들의 가르침을 배워서 따르지 않거나 역사를 제대로 알지 못하면 그 행색을 아무리 꾸몄다 하더라도 짐승과 다를 바 없다는 것.

고금을 통달했다는 것은 사람이, 사람으로서, 사람답게 살아온 방법과 살아갈 길을 알고 있다는 뜻이다. 사물의 이치는 물론이고 예의와 법도에 대해서도 당연히 밝다. 대체로 이런 부분에 어두운 사람은 언행심사가 일방적일 경우가 많다. 행동은 거칠고 생각은 고집에 지배받는다. 누가 만약 이런 태도를 지녔다면 그 삶의 모습에 가치를 부여하기는 어렵다고 한문 공은 말하고 있다.

6

朱文公曰　家若貧　不可因貧而廢學　家若富　不可恃富而怠學
貧弱勤學

주문공왈 가약빈 불가인빈이폐학 가약부 불가시부이태학 빈약근학

可以立身　富若勤學　名乃光榮　惟見學者顯達　不見學者無成
學者

가이입신 부약근학 명내광영 유견학자현달 불견학자무성 학자

乃身之寶　學者　乃世之珍　是故學則乃爲君子　不學則爲小人
後之學者　宜各勉之

내신지보 학자 내세지진 시고학즉내위군자 불학즉위소인 후지학
자 의각면지

"가난하다고 배움을 포기할 텐가. 부자랍시고 배움을 게을리 할 텐가. 가
난해도 배움에 힘쓰면 몸을 일으킬 수 있다. 부자가 배움에 힘쓰면 그 이
름은 더욱 빛날 것이다. 오직 배운 사람만이 제대로 설 수 있으며 배운
자가 이루지 못한 것은 보지 못했다. 공부하는 자는 자신을 보배로 여겨
라. 세상을 맛나게 할 수 있기 때문이다. 배우면 군자의 길을 걸을 수 있
으나 배우지 못하면 소인이 될 뿐이니 배움의 길에 들어선 자들은 각자
가 학문에 힘쓸진저."

　주자朱子가 남긴, 비록 집안이 가난해도 배움을 포기하면 안 된다는
말에 옛날이야기 하나를 덧붙여야겠다. 진晉나라 때 차윤車胤이라는 사
람은 어찌나 가난했던지 밤에 불 밝힐 등잔의 기름조차 없었다. 궁여
지책으로 반딧불을 모아 그 빛 아래에서 독서를 했다고 한다. 손강孫康

도 마찬가지. 반딧불조차 날지 않는 겨울이면 흰 눈에 반사하는 달빛을 의지해 독서한 결과 입신양명할 수 있었다. 그대도 잘 알고 있는 형설지공螢雪之功에 관한 이야기.

7

徽宗皇帝曰 學者 如禾如稻 不學者 如蒿如草 如禾如稻兮 國之精糧
휘종황제왈 학자 여화여도 불학자 여호여초 여화여도혜 국지정량
世之大寶 如蒿如草兮 耕者增嫌 鋤者煩惱 他日面墻 悔之已老
세지대보 여호여초혜 경자증혐 서자번뇌 타일면장 회지이로

"배운 사람은 벼와 같고 배우지 않은 사람은 쑥과 같다. 벼는 국가의 좋은 양식이다. 세상의 큰 보배다. 쑥은 어떠한가. 밭 가는 이에게 짜증을 더하게 할 뿐이다. 어떤 일을 만났을 때에는 담장에 가로막힌 듯 답답해서 후회하게 될 것이다. (그 해결 방안을) 이미 늙어서 배울 수 없으니."

국가에 꼭 필요한 인재는 곡식과 같다. 백성의 필요와 허기를 채워줄 수 있기 때문이다. 이런 사람은 개인의 삶에서 마주치는 상황처리에도 답답함을 느끼지 않는다. 위의 내용은 이런 까닭 때문에라도 부지런히 배워야 한다는 권면이다. 배움을 소홀히 한 세월이 지나면 이미 늙어 배울 수 없다. 그때 후회하지 않도록 하라는 경각심도 일깨우고 있다. 이 글을 남긴 북송의 8대 황제 휘종은 엉뚱한 곳에 국가재정을 사용하는 등 몇몇 실정失政이 있었으나 근학에서는 모범을 보인 임금이었다. 서화에도 조예가 깊어 『선화서화보宣和書畵譜』를 펴내기도 했다.

8

論語曰 學如不及 惟恐失之
논어왈 학여불급 유공실지

"아직 배움에 닿지 못한 것처럼 여겨라. (작은 배움일지라도 그것을) 항상 잃지 않을까 두려워하라."

　『논어論語』에 등장한 이 말은 학문하는 사람의 태도에 대한 각성이다. 이 분별력을 지원해주는 것은 겸손과 근신뿐임을 깨우쳐주고 있다.

第十篇 자녀교육에 함께 머리 맞대기(訓子篇)

사람의 인식체계 형성에는 어릴 때의 교육과 경험이 절대적 영향력을 행사한다. 일생 끊을 수 없는 관계성으로 묶이는 부모형제의 역할은 더욱 심각하게 작용한다. 이들이 자신을 대하던 태도의 기억은 무의식 속에도 스며들어 있다. 부모와 자식, 형제자매간에 늘 부딪쳤다고 하자. 그러나 잊지 말아야 할 것은, 그들이 표시하지 않았거나 스스로 의식하지 못할 뿐 따뜻하게 서로를 쓰다듬으며 기댔던 흔적이 더 많다는 사실이다. 그런데도 살아가는 어느 순간 불현듯 상처의 기억들이 떠오를 때가 있다. 그래도 어쩔 수 없다. 혈연은 끊을 수 있는 것이 아니니까. 이처럼 사람은 다 한계와 긁힌 자국을 지니고 있는 연약한 존재들이다. 하지만 더 나은 것을 다음 세대에 전할 책임이 맡겨져 있다. 당연히, 부모는 따뜻하고 아름다운 기억을 자식들에게 더 많이 심어주기 위해서 힘껏 땀 흘려야(표현하고, 공급하고) 한다. 절대 잊지 않아야 할 일이 또 있다. 엄하게 가르치더라도 반드시 끌어안고 쓰다듬어주어야 한다는 것. 자녀의 마음을 노엽게 하지 않기 위해서이다. 이런 양육을 받으면 그 마음에 반듯한 자기 긍지가 자리 잡는다.

양육은 교육과 훈련과 징계를 포함한다. 요즘은 너무 많은 아이들이 훈련과 징계에서 도외시되어 있다. 지식습득을 위한 교육에만 몰두시키면서 그게 양육의 전부라고 생각한다. 아이를 훈련시키지도 않고 징계도 하지 않음이 최상이며 최신의 교육법이라고 여기는 엉터리 부모들도 많아졌다. 그저 성적만 잘 나오면 무엇이든 해달라는 대로 오냐 오냐 키운다. 그러다 보니 많은 아이가 '제멋대로'라는 살덩이가 잔뜩 붙은 비만증에 걸렸다. 이 비만의 후유증에서 오는 대가를 앞으로 어떻게 치를 것인지. 아이가 제멋대로 하도록 받아주는 것과 아이의 뜻을 잘 분별하여 '들어주는' 것은 분명 다르다. 전자는 무책임이다. 후자는 부모도 아이와 비전(Vision)을 공유한다는 뜻인데, 시인의 이 말을 그대는 잘 이해할 수 있으려는지. 이는 자기도 훈련받았고 징계의 의미까지 깨닫고 있는 부모만 할 수 있는 일이어서 어려울지도 모르겠다. 그러나 이 일은 부모 된 자로서 마땅히 행해야 할 일이다. 이 훈자訓子 편에 그 대안이 몇 가지로 제시된다.

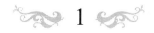

1

景行錄云 賓客不來 門戶俗 詩書無教 子孫愚
경행록운 빈객불래 문호속 시서무교 자손우

"손님이 찾아오지 않으면 비속해진 집안이다. 시와 글을 가르치지 않으면 자손이 어리석어진다."

대체로 이기적이고 인색한 집에는 찾아드는 손님이 없다. 오늘날은 사생활을 방해받지 않겠다는 이유로 손님맞이를 달가워하지 않는 경우도 많다. 『경행록』에서는 이런 상태를 문호속門戶俗이라고 말하고 있다. 다시 말해서 별 볼 일 없는, 그저 그렇고 그런 집안이라는 뜻이다. 이와 연결된 문장의 뜻도 같다. 시서를 가르치지 않으면 어리석어진다는 것인데, 시인의 경험이기도 하지만 시서를 모르는(독서를 하지 않는) 사람과는 소통이 힘들다. 까닭은 자기 잣대로만 세상을 재는 일방적 정서 때문이다. 또 이들은, 자기들의 그 잣대질에 책임지는 것은 낯설어한다. 삶의 존재 이유(가치와 존엄성)를 생각하는 사람이라면 누가 그런 이들과 상대(교류交流)하고 싶겠는가. 서로의 관계성에 사무사思無邪의 의미는 전혀 부여할 줄 모르는데.

공자는 『논어』 위정 편 제2장에 "詩三百 一言以蔽之日 思無邪시삼백 일언이폐지왈 사무사"라고 말했다. 그렇다면 사무사思無邪란 무엇일까. 생각에 간사함이 없다는 말일까. 아니면 올바르다는 뜻일까. 논어 학이 편 제15장에서 자공과 나눈 대화로 공자의 뜻을 유추해볼 수 있다.

"가난해도 (힘 있는 사람에게) 아첨하지 않고, 넉넉하면서도 교만함이 없는 사람은 (그 성품의 함량이) 어떠합니까? 貧而無諂 富而無驕 何如빈이무첨 부이무교 하여"

"괜찮다고 할 수 있구나. 그러나 가난해도 즐거워하고 넉넉하면서 예를 좋아하는 사람보다는 못하다. 可也 未若貧而樂 富而好禮者也가야 미약빈이락 부이호예자야"

"시경에서 말하기를, 자르는 듯하나 갈아놓는 것 같고 쪼는 듯하나 문지르는 것 같다고 하였으니 그것이로군요. 詩云 如切如磋 如琢如磨 其斯之謂與시운 여절여차 여탁여마 기사지위여"

"사賜야, 너와는 시를 논論할 만 하구나. 지난 일을 말했더니 앞으로 오게 될 것을 아는 자가 되었도다. 賜也 始可與言詩已矣 告諸往而知來者사야 시가여언시이의 고제왕이지래자"

스승과 제자의 이 대화에는 사무사思無邪의 뜻이 그대로 나타나 있다. 대상을 있는 그대로 알아주고 헤아리며 소통하려는 마음가짐. 특히 자공이 스승의 가르침에 반응해서 절차탁마切磋琢磨라는 내용을 담은 답변은 끊임없이 자신을 성숙시켜가겠다는 다짐인데, "사야, 너와는 (정말 함께) 시를 논할 만하"다면서 이름을 불러주고 칭찬하는 모습은 제자의 이런 태도를 더욱 북돋는 스승으로서의 부추김이다. 논어에는 시에 관한 또 다른 말들이 있다. 계씨 편 제13장에서는 "시를 배우지 않으면 말을 할 수가 없다. 不學詩 無以言불학시 무이언"고 했다. 시서를 알지 못하면 제대로 된 정서표현의 방법을 습득하기 어렵다는 말이다. 서로의 정서를 제대로 이해하고 나누지 못하면 그 관계성의 의미는 건조할 수밖에 없다. 자주 오해가 만들어지기도 한다. 또 팔일 편 제20장에 "(시경詩經의)관저關雎 편은 즐거우나 음란하지 않고, 슬퍼도 마음을 다치게 하지 않는다. 關雎 樂而不淫 哀而不傷관저 낙이불음 애이불상"는 내용이 등장한다. 이는 인지상정의 속내를 들여다본 부분으로서 절제와 집중에 관한 언급이다. 거리낌과 가리는 것이 없어야 서로를 용납하는 소통과 공감의 기꺼움을 맛볼 수 있으며 또 이것을 맛볼 길은 뜻과 말이 통하는, 즉 서로를 이해하고 알아주는 대상에게서만 찾을 수 있다는 전제前提이기도 하다.

2

莊子曰 事雖小不作不成 子雖賢不敎不明
장자왈 사수소부작불성 자수현불교불명

"작은 일이라고 하지 않으면 이룰 것이 없다. 자식이 똑똑하답시고 가르치지 않으면 밝게 알지 못한다."

작은 일도 소홀히 않고 성의를 다해 실행하면 착하고 충성된 사람이라고 일컬어진다. 성경 말씀이다. 그리고 장자는 자식이 똑똑하면 (그 언행심사를 삼가도록) 더 가르치라고 말하고 있다. 이는 그 자식의 특출한 기능에 덕德을 세우기 위함이다. 성품에 온전하고 충실한 아름다움이 더해지는 것을 말한다.

어떤 공동체이든지 상처를 주는 방자함을 내보이는 인간들이 있기 마련이다. 이들의 특징이 무엇이냐 하면, 잘나기는 했는데 자기에게 맡겨진 기능의 역할에 대해서는 밝고 환하게, 제대로 알지 못한다는 것이다. 그러면서 저 혼자만 똑똑한 척한다. 소통의 의미 자체는 아예 모른다. 까닭에 그 관계성의 자리에는 늘 상처의 자국이 남는다. 사람이 일생 걷는 길 위에는 남겨지는 발자취가 있다. 중요한 것은 여기에 자기 존재성을 각인시켜놓는 일보다 다른 사람을 '제대로' 세우기 위해 자신이 받쳐주고 애쓴 덕의 발자국을 남기는 일이다. 이는 내 삶의 가치와 자취를 모래 위에 세울 것인지, 반석 위에 세울 것인지 결정하는 초점설정의 문제이기도 하다. 남을 섬기기보다는 자신을 먼저 내세워보겠다며 쌓는 탑을 다른 말로는 사상누각沙上樓閣이라고 한다. 특출한 기능과 남다른 포부를 가졌으나 밝게 알 수 있는(삶의 시간 속에서 선행先行해야 할 일), 다시 말해서 먼저 감당해야 할 책임이 무엇인지 훈육 받지 못한 사람들이 짓는 집이다.

3

漢書云 黃金滿籝 不如敎子一經 賜子千金 不如敎子一藝
한서운 황금만영 불여교자일경 사자천금 불여교자일예

"황금이 광주리에 가득해도 자식에게 한 권의 경서를 가르치는 것만 못하다. 천금을 남겨주기보다는 오히려 한 가지 기예를 가르쳐주는 것이 더 낫다."

『한서漢書』는 전한前漢 229년 동안의 역사를 기록한 책이다. 반표班彪가 시작해서 그 아들 반고班固가 마무리했는데, 여기에 반고의 누이 반소班昭가 내용을 보충해 총 120권의 서책이 됐다. 우리가 흔히 삼사三

史라고 하는 것은 『사기史記』, 『한서漢書』, 『후한서後漢書』를 말한다.

예나 지금이나 사람은 가치기준의 척도를 물질로 가늠한다. 그러나 위의 내용은 이런 일상의 가치체계에서, 자식이 정녕 사람답게 살아가도록 하려면 어떻게 양육해야 할 것인가에 대한 염려를 담고 있다.

4

至樂 莫如讀書 至要 莫如敎子
지락 막여독서 지요 막여교자

"책 읽는 즐거움보다 더한 것이 있을까. 또한 자식 가르치는 일보다 더 중요한 것은 없음이라."

시인이 두 아들에게 보여준 모범은 늘 책 읽는 모습이었다. 어릴 때는 심심하면 따라서 읽는 시늉을 하더니 어느 날부터였던가. 자기들이 읽고 싶은 책 이것저것의 요구가 시작됐다. 이것저것을 읽어야한다는 시인의 요구도 함께 시작됐다. 이제 그들 또래에서는 비교할 사람이 많지 않을 정도의 독서량을 지니고 있다. 더 기특한 것은 일상용어 사용에서도 거친 표현은 찾아볼 수 없다는 사실이다. 세상 풍조는 나날이 바뀌고 사용하는 말조차 천박해져도 이들은 독서를 통해서, 어떤 언행심사의 태도를 지녀야 사람의 가치가 지켜지는지에 대한 원칙을 확립했다. 정녕 고맙고도 고마운 일.

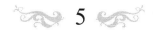

5

呂榮公曰 內無賢父母 外無嚴師友 而能有成者鮮矣
여영공왈 내무현부모 외무엄사우 이능유성자선의

"안으로부터 어진 부모의 가르침이 없고, 밖으로부터 엄한 스승과 벗이 없다면 어느 누가 능히 성공할 수 있으리오."

여영공의 이름은 희철希哲, 자는 원명原明이다. 북송 때의 학자로서 『여씨잡기呂氏雜記』라는 저서를 남겼다.

굳이 맹모삼천지교孟母三遷之敎를 예로 들지 않더라도 부모라면 당연히 자식의 장래에 도움이 될 환경을 만들어주기 위해서 애쓰고 애쓴다. 마찬가지로 사람이 어떤 자리에서 사회적 역할을 제대로 감당하려면 가르치고 북돋는 스승과 응원하고 같은 편이 돼주는 친구가 있어야 한다. 사람은 사회적 동물이기 때문이다. 좋은 영향을 주고받는 관계성을 절대 필요로 한다.

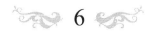

6

太公曰 男子失敎 長必頑愚 女子失敎 長必麤疎
태공왈 남자실교 장필완우 여자실교 장필추소

"남자가 배움을 놓치면 커서도 고집스럽고 미련하게 굴 것이다. 여자가 배움을 놓치면 커서도 거칠고 칠칠맞지 못하게 굴 것이다."

배움을 놓치면 미련하게 굴 것이라는, 칠칠맞지 못하게 굴 것이라는 풀이가 품위가 없을까. 그래도 무릅쓴 것은 배움에 때를 놓치면 포부를 펼칠 기회가 그만큼 힘들다는 것을 강조하기 위해서였다. 이 책을 읽고 있는 그대가 젊은 사람이라면 이렇게 권면勸勉(권하고 북돋음)하고 싶다. 비록 지금 힘들고 고달프더라도 절대 공부를 포기하지도, 소홀히 하지도 말라고. 그대는 장차 이 세상의 세계를 아름답게 변화시키는 역할을 할 소중한 존재이기 때문이다. 그래서 더욱 강권强勸한다.

7

男年長大 莫習樂酒 女年長大 莫令遊走
남년장대 막습악주 여년장대 막령유주

"소년은 어른이 되더라도 술을 즐기지 않을 것이며 소녀가 아낙이 되면 쓸데없이 놀러 다니지 않도록 하자."

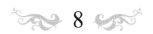

8

嚴父 出孝子 嚴母 出孝女
엄부 출효자 엄모 출효녀

"엄한 아버지는 효자를 만든다. 엄한 어머니는 효녀를 길러낸다."

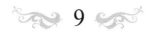

9

憐兒 多與棒 憎兒 多與食
연아 다여봉 증아 다여식

"사랑스런 아이에게는 회초리를, 미운 아이는 많이 먹이라."

10

人皆愛珠玉 我愛子孫賢
인개애주옥 아애자손현

"대부분의 사람들은 주옥을 좋아하지만 나는 자손들이 현명하기를 바랄 뿐이다."

무릇 다음 세대에 더 좋은 것을 남겨주기 위해서 애쓰고, 또 그들이 아름답게 살아가기를 소망하는 책임 있고 현명한 부모들의 마음 가짐은 위와 같다.

第十一篇 내 마음을 들여다보니 1(省心篇 1)

마음을 다스리는 일이 얼마나 힘든 것인지. 어떤 공동체이든지 섞이다 보면 서로의 썩은 냄새를 맡게 된다. 그래도 기꺼이 섞여 들어가야 한다. 싫다고 코 틀어막고 혼자만의 내면세계에서 사는 것은 스스로를 고립시키는 일이다. 교만일 수도 있다. 그래서 위험하다. 자의식의 꼿꼿함에 스스로 만족할 수는 있을까. 그러나 이것의 모양새는 뾰족한 게 보통이어서 다른 사람의 마음 찌르기를 잘한다. 이런 감각은 시인도 그런 부류에 속하는 인간이기에 갖게 됐을 것이다. 돌이켜 보니 그렇다. 인식하지 못하는 순간에 사람을 아주 깊이 찔렀던 경험이 많다. 게다가 이건 찌르고 난 다음에야 겨우 깨닫던 사실이기도 하다. 그때 자신에 대해서 느껴지던 난처함은 어처구니없을 지경이었다. 그럴 때마다 그것을 벗어나 보고자 글 쓰는 일에만 몰두하기도 했다. 그대는 이런 심정을 알 수 있을까. 이처럼 사람의 일생, 그 걷는 길 위에서의 희로애락은 모두 마음에서 일어난다. 이 마음을 어떻게 다스릴 수 있을까. 성심省心 편에서 제시하는 내용을 새겨두는 것도 한 방편이 될 수 있으리라.

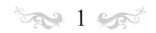

1

景行錄云 寶貨用之有盡 忠孝寧之無盡
경행록운 보화용지유진 충효영지무진

"보화는 쓰면 없어지나 충효는 다함이 없다."

흔히 말하는 보화는 외형적 물질이다. 쓰다보면 떨어질 때가 있다.
그러나 충효는 마음과 정신의 보화이다. 나라와 부모를 섬기는 일에
마음껏 사용해도 닳거나 없어지지 않는다. 오히려 존재로서의 긍지는
점점 상승하게 된다.

2

家和貧也好 不義富如何 但存一子孝 何用子孫多
가화빈야호 불의부여하 단존일자효 하용자손다

**"집안만 화목하다면 가난해도 좋다. 의롭지 않게 부유한들 무엇 하리오.
단 한 명의 효자가 있다면 굳이 자손이 많을 필요가 있겠는가."**

더 월등한 가치를 위해서 다른 대가를 치러도 좋다고 말하는 경우
가 있다. 엉뚱한 비유이기는 하지만 '사랑하기에 죽어도 좋아' 같은
말. 위 문장의 빈야호貧也好도 같은 의미이다. 야也는 어조사로서 '∼해

도'라는 뜻이다. 단순한 문장이고 담담한 표현인데 글 전체에서는 묘한 결기가 느껴진다. 가화만사성이라는 말은 누구나 다 알고 있다. 또 옛날에는 부귀를 누리고 아들이 많은 것을 복으로 여겼다. 그런 당시에 많은 아들은 필요 없고 그저 효자 하나면 족하다는 문장에서 결기를 느끼는 것은 시인만의 감수성일까. 저 글쓴이는 어떤 강박관념에 붙들려 있었을까. 청빈낙도를 받아들일 흉금을 지녔던 것은 분명한데.

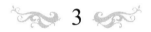

3

父不憂心 因子孝 夫無煩惱 是妻賢 言多語失 皆因酒 義斷親疎 只爲錢
부불우심 인자효 부무번뇌 시처현 언다어실 개인주 의단친소 지위전

"아비에게 근심이 없음은 자식이 효도하기 때문이다. 남편에게 번뇌가 없음은 아내가 어질기 때문이다. 말이 많아 실언하게 됨은 술 때문이다. 의리가 끊기고 친분이 멀어지는 까닭은 돈 때문이다."

가화만사성이라는 말처럼 아버지가 너그럽고 아내는 현명하며 아들이 효성스러운 것이 가화家和다. 건강하고 행복한 가정의 모습. 그런데 이어진 문장이 묘하다. 술과 돈에 관한 것이라니. 가화에는 반드시 절제와 배려가 필요하다고 강조하는 의미일까.

누구나 다 그런 것은 아니겠지만, 술이 몸에 들어가면 긴장이 풀리고 말이 많아진다. 꼭 술이 아니더라도 말이 많은 사람에게는 특징이 있다. 자신을 내세우고 싶어 하는 경향이 강하다는 것. 그러면서 실언도, 소통에서의 일방성도 표출하게 된다. 상대의 말을 듣기보다는 자신만 말하기를 더 좋아하기 때문이다. 그러다가 보면 그 존재성의 가치가 같잖아지는 경우가 많다. 내 이야기는 들어주지도 않는데 상대의 말을 듣기만 해야 하는 교류는 지겹지 않겠는가. 사람 얼굴에는 눈 둘, 귀 둘, 숨구멍도 둘인데 입만 하나인 까닭이 있다는 비유는 매우 함축적이다.

사람은 또 물질 앞에서는 이상하게 구질구질해진다. 그러나 여기에서도 섬김과 나눔의 마음가짐을 버리면 안 된다. 상대의 입장에 대한 넉넉한 배려와 기꺼워하는 마음은 두텁고 친밀한 관계성을 만드는 바탕이 된다는 것도 잊지 않아야 할 일이다. 절제와 책임감과 배려는 신용과 신뢰로 이어진다.

4

旣取非常樂 須防不測憂
기위비상락 수방불측우

"이미 흔치 않은 즐거움을 얻었다면 마땅히 예측하지 못한 근심에도 대비해야 할 것이다."

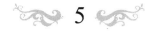

5

得寵思辱 居安慮危
득총사욕 거안려위

"총애 받을 때 욕 돌아올 것을 생각하고 편안하게 지낼 때 위태로움을 염려하라."

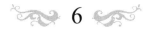

6

榮輕辱淺 利重害深
영경욕천 이중해심

"영화가 가벼우면 욕됨도 얕다. 이득이 무거울 정도면 해로움도 깊다."

7

甚愛必甚費 甚譽必甚毀 甚喜必甚憂 甚臟必甚亡
심애필심비 심예필심훼 심희필심우 심장필심망

"사랑이 지나치면 반드시 심한 낭비가 있다. 기림 받음이 지나치면 반드시 심하게 무찌름을 당할 일이 생긴다. 기쁨이 지나치면 반드시 심한 근심이 찾아온다. 뇌물이 지나치면 반드시 심하게 망할 것이다."

한쪽으로 지나치게 치우친 것을 극단極端이라고 한다. 그리고 하나의 극단은 반드시 또 하나의 극단을 발생시킨다. 세상의 이치가 그렇다. 여기에서 균형을 잡을 수 있는 방안은 오직 하나뿐이다. 지나친 치우침을 삼가는 것. 삼가면 재앙을 피할 수 있다. 여색을 삼가면 건강과 재물의 탕진을 막을 수 있고, 헛된 명예추구를 삼가면 스스로의 존엄성에 긍지가 훼손될 일이 없다. 남들보다 앞섰다고 기뻐할 일도 아니다. 앞선 자리에 있으려면 늘 긴장해야 하고 그러다 보면 지친다. 근심을 버릴 수 없다. 한 가지가 더 있다. 뇌물을 받을 만한 자리에 있는 사람이 삼가지 않으면 반드시 패가망신하게 된다는 사실. 남들이 쉽게 서 있을 수 없는 위치가 허락됐는가. 이때 아부와 뇌물 받는 것을 삼가지 않고 방자하게 굴면 결국은 바람에 나는 겨와 같이 짓밟히는 신세가 될 것이다.

8

子曰 不觀高崖 何以知顚墜之患 不臨深淵 何以知沒溺之患
不觀巨海 何以知風波之患
자왈 불관고애 하이지전추지환 불림심연 하이지몰익지환 불관거해 하이지풍파지환

"높은 절벽에 서보지 못하고 어찌 꼭대기에서 떨어지는 위험을 알겠는가. 깊은 연못에 가보지 못하고 어찌 거기 빠져드는 위험을 알겠는가. 거친 바다를 보지 못하고 어찌 풍랑과 파도의 위험을 알겠는가."

하이지何以知의 뜻은 '어찌 ~을 알겠는가'이다. 공자는 이 문장을 써서 사물의 상태를 살필 수 있는 체험의 중요성을 말하고 있다. 독서나 그 상황에 대한 경험담을 통해서 상상하는 것은 간접경험이다. 어설프고 한계가 있다. 더 분명한 실감은 직접 겪은 당사자가 아니면 가질 수 없다. 사람의 우여곡절과 경험을 마음에 숙성시켜 나타내는 삶의 태도를 연륜이라고 한다. 나이 마흔이면 자기 얼굴에 책임을 져야 한다는 말도 있지만, 지천명의 나이를 지날 때쯤부터는 스스로에게 부끄럽지 않기 위해서라도, 그 언행심사에는 반드시 경험이 숙성해 발휘되는 연륜의 향기가 풍겨 나와야 한다.

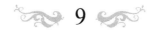

9

欲知未來 先察已然
욕지미래 선찰이연

"미래를 알고자 하면 먼저 지나간 일을 살펴봐야 할 것이다."

역사를 통해서 우리는 미래를 통찰한다. 역사는 사람이 살아온 흔적의 기록이다. 미래를 알고 싶다는 것은 우리가 어떻게 살게 될 것인지에 대한 기대이기도 하다. 여기에서 매우 중요한 지침을 받을 수 있다. 지나간 세월에 후회가 있다면 정직하게 지금, 즉시 바로잡는 일. 사물의 이치가 공평하고 합리적이라는 까닭은 결과는 원인에 따르기 때문이다. 되풀이가 부끄러운 일을 반복하는 것은 개가 그 토한 것을 다시 주워 먹는 것과 같다. 짐승 같은 삶. 앨빈 토플러의 글에 다음과 같은 말이 있다.

"21세기 문맹자는 글을 읽고 쓸 줄 모르는 사람이 아니라 학습하고 교정하고 재학습하는 능력이 없는 사람을 말한다."

10

子曰 明鏡 所以察形 往者 所以知今
자왈 명경 소이찰형 왕자 소이지금

"밝은 거울은 형상을 보여주고 지나간 일은 현재를 헤아리게 한다."

맑은 거울이 형상을 (있는 그대로) 보여준다는 말은 '착오 없는 직관'을 말한다. 착오 없는 직관이란, 굴곡이나 거리낌이 없는 맑은 예지叡智의 감수성이다. 지나간 일로 현재를 헤아린다는 말 또한 '결과는 원인에 따른다'는 성찰이다.

11

過去事 如明鏡 未來事 暗似漆
과거사 여명경 미래사 암사칠

"지나간 일은 밝은 거울로 보는 것 같으나 미래의 일은 마치 칠해놓은 것처럼 어두워 알기 힘들다."

과학이 이처럼 발달한 세상에서도 점이나 운수에 의지하는 사람들이 의외로 많다. 미래에 대한 불안감 때문이다. 인간이 유한한 존재라는 증거이기도 하고.

12

景行錄云 明朝之事 薄暮不可必 薄暮之事 晡時不可必
경행록운 명조지사 박모불가필 박모지사 포시불가필

"내일 아침의 일을 오늘 저녁에 알 수 없고 저녁의 일이라도 오후에 알 수 있는 것은 아니다."

사람은 한 치 앞을 내다볼 수 없다. 잠시 후의 일도 단정적인 예측은 불가능하다. 그것은 인간의 영역이 아닌 까닭이다. 다만 할 수 있는 일은 닥쳐올 여러 상황에 대한 대비에 최선을 다하는 것뿐.

13

天有不測風雨 人有朝夕禍福
천유불측풍우 인유조석화복

**"하늘에는 예측 못한 비바람이 있고 사람에게는 아침저녁 화와 복이 찾
아온다."**

　날씨와 기후변화는 예측만 가능할 뿐 단정할 수 없다. 더구나 사람
의 화복禍福은 예측하기조차 어렵다. 시인의 감각으로 위 문장을 살펴
봐도 밖에 드러나지 않는 막연한 질문과 암시暗示만 느낄 수 있을 뿐
이다. 사람이 아침저녁으로 도리를 다하며 살면 복을 받을 테고, 이를
소홀히 하면 재앙이 찾아올 수도 있으니 어떤 삶의 태도를 갖겠느냐
는 반문을 느끼는 것도 그중의 하나다.

14

未歸三尺土 難保百年身 已歸三尺土 難保百年墳
미귀삼척토 난보백년신 이귀삼척토 난보백년분

**"흙으로 돌아가기까지 백 년 동안의 몸 보전이 어렵고, 이미 묻혔다한들
그 무덤을 백 년 동안 보전하기도 어렵다."**

위의 내용은 일생 동안 수신修身하는 어려움과 자식들에게 죽은 부모일지언정 공경(추모)할 수 있는 교육의 당위성當爲性을 말하고 있다.

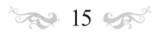

15

景行錄云 木有所養 則根本固 而枝葉茂 棟樑之材成 水有所養 則泉源壯

경행록운 목유소양 즉근본고 이지엽무 동량지재성 수유소양 즉천원장

而流派長 灌漑之利博 人有所養 則志氣大 而識見明 忠義之士出

이류파장 관개지리박 인유소양 즉지기대 이식견명 충의지사출

可不養哉

가불양재

"나무를 잘 기르면 뿌리가 굵고 가지와 잎이 무성해서 기둥과 대들보의 재목으로 쓸 수 있다. 물을 잘 다스리면 샘의 원천이 커지고 물줄기가 길게 뻗어 널리 물을 공급할 수 있는 이로움이 생긴다. 사람을 잘 키우면 뜻과 기상은 늠름해지고 그 생각과 상황을 보는 눈이 밝아져서 충의를 지키는 선비가 될 것이다. 어찌 잘 키우지 않겠는가."

앞에서도 말했지만, 결과는 원인에 따르는 것이기에 사물의 이치는 공평하다. 이 내용도 마찬가지다. 동량지재를 얻으려면 나무를 잘 길러야 한다. 관개의 이로움을 얻으려면 물을 잘 다스려야 한다. 옳고 반듯한 인재, 충의지사를 얻으려면 사람을 잘 가르치고 품성을 다스려주며 길러야 한다. 잊지 말아야 할 것은, 오늘을 사는 세대는 다음 세대에게 지금보다 나은 것을 전해줘야 할 의무가 있다는 것이다. 그 첫 번째 의무는 잘 가르치는 일이다. 그리고 이 의무를 실행하는 첫 번째의 조건은 지금 있는 그 자리에서 보여주는 존재로서의 모범이다. 논어에 이런 말이 있다. 군군신신부부자자君君臣臣父父子子. 제 나라 군주 경공景公이 정치에 대해서 물었을 때 공자의 간단명료한 답변이었다. "임금은 임금답고 신하는 신하답고 아버지는 아버지답고 자식은 자식다워야 한다." 임금답고 신하답고 아버지답고 자식답다는 말의 핵심은 각자의 위치에서 역할을 수행하는 일에 존재로서의 모범을 보인다는 뜻이다.

16

自信者人亦信之 吳越皆兄弟 自疑者人亦疑之 身外皆敵國
자신자인역신지 오월개형제 자의자인역의지 신외개적국

"자신을 믿는 사람은 남도 믿는다. 오월吳越일지라도 형제처럼 만든다. 자신을 의심하는 사람은 남을 의심할 수밖에 없다. 모든 사람을 적으로 여긴다."

스스로에게 긍지가 있으면 다른 사람의 존재성도 있는 그대로 인정해줄 수 있다. 오월吳越은 춘추전국시대에 적대관계였던 오나라와 월나라를 지칭하는 말이다. 물론 그대도 잘 알고 있는 내용일 텐데,

상대를 있는 그대로 인정해주는 넉넉함은 이런 원수지간까지 사이좋게 만들 수 있다는 말이다. 그런데 자신과 남을 의심하는 사람은 어찌 될까. 사실 자신을 의심하는 사람은 거의 없다. 다만 남을 의심할 뿐이다. 대상을 향한 시각이 각박해서 자신 외에는 용납하지 못한다. 함께 기뻐해주지도, 함께 울어주지도 않는다. 결국은 고립과 외로움밖에 남지 않을 것이다.

17

疑人莫用 用人勿疑
의인막용 용인물의

"사람이 의심스러우면 쓰지 말 것이며 썼으면 믿고 맡겨라."

어떤 관계성이든지 당사자들은 서로에게 자기 가치의 진선미眞善美를 증명할 수 있어야 한다. 이 증명을 위해서는 결단의 순간과 과정의 진행이 필요하다. 그러나 결단했더라도 과정이 진행되는 도중에 문제가 생길 수 있다. 심각한 회의懷疑와 도무지 가라앉힐 수 없는 갈등도 발생한다. 그렇다면 이 회의와 갈등을 진선미로 함침含浸(녹아 스며들게 함)시킬 수 있는 능력은 무엇일까. 그 힘은 오직 하나, 사랑의 향기로움밖에 없다. 성경(요일 3:18)에 이런 말씀이 있다. "자녀들아 우리가 말과 혀로만 사랑하지 말고 행함과 진실함으로 하자" 그대와 시인에게는 공통점이 있을지 모른다. 수많은 사람을 만나지만 늘 목마르다는 것. 까닭은, 말로만의 사랑이 넘쳐나는 세상에 살고 있기 때문이다. 그렇다면 더 이상 목마르지 않기 위해서 우리는 무엇을 어떻게 해야 할까. 위 성경구절이 해답이다. 행함과 진실함의 사랑을 '먼저' 실천하는 것. 그런 다음에는 조금 더 자유로워질 수 있다. 더 이상 목마름에 얽매이지 않을 테니까. 비록 내가 주는 대로 받지 못하더라도 그러나 더 이상은 목마르지도 슬프지도 않다. 이미 실천의 능력을 확보했기에 그렇다. 더구나 이 실천에는 내 존재가 그의 존재성에 스며들겠다는 강한 뜻이 포함되어 있다. 이는 상대의 어떤 마땅치 않은 냄새라도 기꺼이 들이마시겠다는 용납이다. 그리고 이 용납에는 특별한 책임감과 헌신의 몸 바침이 수반된다는 것을 잊지 않으면, 우리는 정녕 행함과 진실함으로 사람을 사랑할 수 있는 힘을 갖게 되리라.

18

諷諫云 水底漁天邊雁 高可射兮底可釣 惟有人心咫尺間 咫尺人心不可料
풍간운 수저어천변안 고가사혜저가조 유유인심지척간 지척인심불가료

"물속에는 물고기가, 하늘가에는 기러기가 있다. 하늘 높고 물 깊어도 쏘고 낚을 수 있건만, 가까이에 있는 사람 마음은 도대체 헤아릴 수가 없구나."

우리 속담에도 '열 길 물속은 알아도 한 길 사람 마음은 알 수가 없

다'는 말이 있다. 사람은 각자의 시각과 서로 다른 이해타산을 지녔
으니 그 마음을 함부로 추측하거나 단정하지 말라는 뜻이다. 마음은
행동으로 나타난다. 오랜 관계성이 이어지다 보면 그 마음의 모습이
보인다. 만약 그 상대에게서 어떤 마땅치 않은 모양새가 감각되는 경
우가 있다고 하자. 그때도 아, 이 사람은 이럴 수밖에 없나 보다, 인정
해주고 또 덮어주는 것이 사람에 대한 기대와 사랑이다. 이것은 무례
히 행치 않는 힘과 자신의 입장에서만 상대를 판단하지 않는 성숙한
인격을 지닌 사람들이 지닌 능력이다.

19

畵虎畵皮難畵骨 知人知面不知心
화호화피난화골 지인지면부지심

"호랑이의 가죽은 그리되 뼈는 그릴 수 없다. 사람도 그 얼굴은 알지만
마음은 알 수 없다."

20

對面共話 心隔天山
대면공화 심격천산

"얼굴 맞대고 말하면서도 마음은 천산만큼 멀리 있다."

대면해서 말해놓고도 돌아서면 나눴던 한마디조차 떠오르지 않는 무덤덤하거나 하찮은 관계성을 말하는 듯하다. 서로의 존재성에 아무런 의미나 가치를 부여하지 않는 것. 현대를 사는 우리들의 수많은 만남에서도 이런 일은 너무 많지 않은가.

21

海枯終見底 人死不知心
해고종견저 인사부지심

"바다일지라도 물 마르면 그 바닥을 볼 수 있으나 사람의 그 마음은 죽어도 알 수 없다."

22

太公曰 凡人 不可逆相 海水 不可斗量
태공왈 범인 불가역상 해수 불가두량

"사람으로서는 미리 앞일을 막을 수 없고 바닷물을 됫박질로 헤아릴 수는 없다."

태공의 이 글을 읽으며 시인의 정서에는 이런 반응이 왔다. 존재의
유한성을 가진 피조물이 자기 기준에서의 판단을 절대화하는 가소로
움에서 벗어나보자고.

23

景行錄云 結怨於人 謂之種禍 捨善不爲 謂之自賊
경행록운 결원어인 위지종화 사선불위 위지자적

**"남과 원수를 맺음은 재앙의 씨를 뿌림이요, 선을 두고 행치 않음은 스
스로를 해치는 것이라."**

화기애애和氣靄靄라는 말이 있다. 따스한 넉넉함으로 서로를 감싸고
있는 풍경을 표현한 것이다. 그리고 선을 행함이란 그 대상의 아름다
움을 지켜주는 일에 게으르지 않음을 말한다. 유익하게 만들어주려는
적극성도 여기에 포함된다.

24

若聽一面說 便見相離別
약청일면설 편견상이별

"한쪽 말만 듣고 판단한다면 친한 사이라도 헤어지게 될 것이다."

삼자대면三者對面이라는 말이 있다. 만일 그대와 내가 어떤 상황을 판단하는 입장에 서게 됐다고 가정해보자. 그런 때에 우리가 아무리 뛰어난 식견을 지녔더라도 착오가 생길 염려를 버릴 수 없다. 이를 피하기 위해서, 판단에 객관성을 갖추기 위해서라도 한쪽의 말만을 근거로 판단하는 일은 삼가야 할 것이다.

25

飽暖思淫慾 飢寒發盜心
포난사음욕 기한발도심

"등 따습고 배부르면 음욕이 솟고, 굶주려 떨리면 훔치기라도 해야겠다는 생각을 하게 된다."

오늘날 모든 가치척도의 기준은 물질과 쾌락이 됐다. 원칙도 없이 마음껏 즐길 수 있는 배경만 갖췄다면 행복하다고 생각한다. 뒤따라 붙는 공허는 의식하지도 못하면서. 물질은 반드시 필요하지만, 그러나 그것이 진정한 자기 존재성을 나타내는 부분에서는 매달릴 대상이 아니다. 사람이 부유해지면 좋은 음식으로 배불리고 좋은 옷을 걸쳐 그 실루엣이 그럴듯해 보이기도 한다. 그 휘장을 걷어내도 그럴듯해 보이려면, 당연히 이웃과 나누고 베풀며 섬기는 일에도 관심을 가져야 할 텐데 오히려 다른 욕심에 더 눈길을 돌리고 있다. 요즘은 음욕과 그것으로 말미암는 도덕적 타락까지도 아무렇지 않게 여기는 모습들을 숱하게 볼 수 있다. 안타까운 일이다. 사람이 우연찮게 부유해졌을 경우, 힘껏 노력하는데도 모자라서 생애의 의무조차 행하기 힘겨워하는 이웃들은 보이지 않게 되는 것일까.

26

疎廣曰 賢人多財 則損其志 愚人多財 則益其過
소광왈 현인다재 즉손기지 우인다재 즉익기과

"어진 사람이 재물이 많으면 뜻이 손상되기 쉽다. 어리석은 사람이 재물이 많으면 과실이 많게 된다."

소광은 전한前漢 선조 때 태자를 가르친 청렴한 스승이었다. 늙어 태부의 직職에서 물러나며 선조와 태자에게 많은 재물을 하사받았지만 옛 친구들에게 전부 나눠줘 버렸다. 어떤 친구 하나가 말하기를, 그중 일부라도 남겨서 자손들에게 물려주라고 했다. 거기에 대한 답변이 위 문장의 내용이다. 그는 정녕 상황에 따라 움직여지는 마음의 상태를 꿰뚫고 있는 사람이었다.

시인도 물질에 매달려 꽤 많이 움켜쥐게 된 어떤 한 사람을 알고 있다. 재물은 우선 그 사람의 마음을 흐리게 만들었다. 그다음은 욕심을 발동시키는 모습이었다. 그 세월이 오래됐을지언정 그런 상태를 남들에게 발설하지는 않았다. 하지만 그때쯤에서 좀 삼갔으면 했다.

그랬다면 어떤 판단이나 비난의 생각은 품지 않았을 것이다. 그런데 이 사람은 욕심에 점점 더 집착하기 시작했다. 수단과 방법도 가리지 않았다. 그 품은 뜻(사람이 사람다울 수 있는 원칙)이 굽고 휘고 비뚤어졌다. 더구나 그렇게 해서 물질이 더 많아지자 교만과 방자와 방탕의 습관도 함께 만들었다. 사람의 향기는 도무지 맡을 수 없는 지경이 됐다. 어떻게든 시인과는 연결고리를 끊지 않으려 하는 그가 이 부분을 신중하게 생각해보기는 할까. 하긴, 그래 봤자 그 삶의 맛은 참 씁쓸한 것이라는 인식이나 할 수 있으려는지. 이제는 그를 멸시한다.

27

人貧智短 福至心靈
인빈지단 복지심령

"가난하면 지혜도 짧다. 복이 이르면 마음까지 영통해진다."

이 짧은 문장은 인지상정에 관한 통찰이다. 예절을 알기 위해서는 입고 먹을 것이 안정되어 있어야 한다(의식족이지예절衣食足而知禮節). 먹을 것과 입을 것을 걱정할 정도라면 마음까지 위축될 수밖에 없다. 연명하기에 급급하니 생각도 짧아진다. 지혜의 발휘를 어떻게 기대하겠는가. 마찬가지로 복이 이르면(여기서의 복이란 물질의 넉넉함이다) 의식주衣食住 처리에 구애받지 않으니 마음도 너그러워지고 깊어진다는 뜻이다.

28

不經一事 不長一智
불경일사 불장일지

"경험이 없으면 지혜도 자라지 않는다."

경험의 중요성을 말하고 있다. 한 가지 일을 경험하면 그 상황에
대한 현실감이 생긴다. 현실감이란 막연한 관념이 아니라 구체적 실
감이다. 어떤 일에 대해서 반응하는 마음의 움직임(의무와 책임감)은
이 구체적 실감으로 말미암는다.

29

是非終日有 不聽自然無
시비종일유 불청자연무

"종일토록 시비를 걸어와도 상대하지 않으면 그만이다."

비록 마음이 강하고 성품은 격렬할지라도 관조觀照(사물과 대상의
상태를 그럴 수도 있으려니 하면서 볼 수 있는)의 훈련을 쌓은 사람
은 마땅치 않거나 어쭙잖은 시비는 듣지 않은 척할 수 있다. 굳이 시
시비비를 가리지 않는 일이야말로 서로의 입장과 존재성에 대해서

무례히 행치 않는 힘이기 때문이다. 한참의 시간이 지난 후 상대가 스스로의 잘잘못을 알게 될 것에 대한 기대이기도 하고.

30

來說是非者 便是是非人
내설시비자 변시시비인

"굳이 찾아와서 옳고 그름을 말하는 자, 그가 곧 시비를 만드는 사람이다."

어떤 시비가 발생했을 때 나서는 사람이 있다. 옳다 그르다 판단하는 일에 있어서도 사실보다는 자신의 느낌을 말하는 경우가 많다. 그대도 알다시피 이런 사람 때문에 시비가 더 크게 벌어지는 경우가 얼마나 많은지.

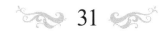

31

擊壤詩云 平生不作皺眉事 世上應無切齒人 大名豈有鐫頑石 路上行人口勝碑
격양시운 평생부작추미사 세상응무절치인 대명기유전완석 노상행인 구승비

"평생 눈썹 찡그릴 일을 하지 않으면 세상에서 내게 치를 떠는 사람이 있겠는가. 어찌 돌 따위에 이름을 새겨서 남기려 하는가. 오가는 사람들 입에서 나오는 말이 비석에 새긴 이름보다 더 값진 것이거늘."

그대처럼 마음이 선하고 온유한, 상처받은 이들을 쓰다듬어줄 줄 아는, 그렇다고 그것을 굳이 밖에 나타내려고도 하지 않지만, 그런 사람에게서는 아름다운 냄새가 난다. 그러니까 그대는 향기로운 사람이다.

32

有麝者然香 何必當風立
유사자연향 하필당풍립

"사향을 지녔으면 향기는 저절로 풍길 텐데 하필이면 꼭 그렇게 바람을 막고 서 있는가."

자기 존재성을 드러내고 싶어 하는 사람의 본능에 대해서는 이야기하지 말자. 필부 중에 그런 태도를 내보이는 이들이 있으면 그러려니 하자. 그런데 공동체에서 리더십을 발휘하는 인간 중에 혹시 그런 작자가 있으면 봐주기가 좀 힘들기는 하다. 그렇더라도 이 또한 내색할 필요는 없다. 그 허풍선의 껍질에서 풍기는 냄새에 코 막고 속으로 한 번 비웃어주면 될 일. 그것이 거슬려서 마음을 쓰기에는 그대와 나의 시간이 아깝지 않은가.

有福莫享盡 福盡身貧窮 有勢莫使盡 勢盡寃相逢 福兮常自惜
勢兮常自恭 人生驕與侈 有始多無終

유복막향진 복진신빈궁 유세막사진 세진원상봉 복혜상자석 세혜
상자공 인생교여치 유시다무종

"복이 있다고 막 누리게 되면 그것이 다 했을 때 빈궁해진다. 권세 있다
고 막 부리게 되면 그것이 다 했을 때 원통했던 사람을 만나게 된다. 늘
복을 아끼고 권세 또한 삼가라. 인생이 교만하고 사치하면 그 삶에 좋은
마무리는 없다."

　고진감래苦盡甘來와 홍진비래興盡悲來라는 말이 있다. 고생 끝에 달콤함
이 있으며 흥이 다하면 비통함이 찾아온다는 뜻이다. 사람이 복을 누
린다 한들 언제까지 이어진다고 장담할 수 없다. 권세도 마찬가지다.
복을 누릴 때 근검절약하며 베풀어 나누고, 권세를 누릴 때 자숙과
겸손으로 이웃을 섬길 수 있으면 이런 사람이야말로 진정한 군자가
아니겠는가.

王參政四留銘曰　留有餘不盡之巧　以還造物　留有餘不盡之祿
以還朝廷
왕삼정사류명왈 유유여부진지교 이환조물 유유여부진지록 이환조정

留有餘不盡之材 以還百姓 留有餘不盡之福 以還子孫
유유여부진지재 이환백성 유유여부진지복 이환자손

"재주를 다 쓰지 말고 남겨서 조물주께 돌려드려라. 봉록을 다 쓰지 말
고 남겨서 조정에 돌려주라. 재물을 다 쓰지 말고 남겨서 이웃들과 나눠
라. 복을 다 누리지 말고 남겨서 자손들이 이어받게 하라."

왕삼정은 북송 진종 때의 정치가다. 이름은 단旦이며 문정文正이라는
시호를 받았다. 그가 남긴 이 글에는 자중과 절제, 삼가며 살아가는
삶의 지침이 담겨 있다. 만약 글의 내용과 그의 삶이 일치했다면 그
태도는 매우 엄숙했을 것이다. 사람에게 주어진 기능으로써의 재주
(talent)까지 마음껏 써버리지 말고 남겨서 조물주께 돌려 드리라는 말
에서 이를 엿볼 수 있다.

35

黃金千兩 未爲貴 得人一言 勝千金
황금천량 미위귀 득인일언 승천금

"황금 천 냥이 귀할까. 남의 좋은 말 한마디에 미치지 못하는 것을."

황금 천 냥이 어찌 적은 돈이겠는가. 그러나 남에게 좋은 말을 듣고 인정받는 것이 더 가치가 있다는 뜻이다. 이는 자신의 존재성에 긍지가 되기 때문이다.

36

巧者拙之奴 苦者樂之母
교자졸지노 고자낙지모

"재주 있는 사람이 오히려 부림을 받는다. 괴로움은 오히려 즐거움의 바탕이 된다."

37

小船難堪重載 深逕不宜獨行
소선난감중재 심경불의독행

"작은 배로 무거운 짐은 견디기 힘들다. 깊고 으슥한 길 혼자 걷지 않도록 하라."

욕심과 독단을 삼가라는 교훈이다. 작은 배에 지나치게 많은 짐을 싣게 되면 사소한 풍랑도 견디기 어렵다. 깊고 으슥한 길을 혼자 걷다가 닥치는 위기는 또 어찌 감당할 텐가. 위 문장이 말하고자 하는 바는 다음과 같다. 안정된 삶을 영위하기 위해서는 자신의 한계와 상태를 가늠할 수 있는 분별력이 필요하다고.

38

黃金未是貴 安樂値錢多
황금미시귀 안락치전다

"황금보다는 편안한 즐거움이 더 값지다."

오늘날은 특히 물질이 모든 가치기준에서 으뜸이 됐다. 사람 같지 않은 사람도 소유한 물질이 많으면 대접을 받는 이런 상황에서 위 문장은 여러 가지를 생각하게 만든다. 황금보다 편안한 즐거움이 더 낫다고? 편안한 즐거움이란 어떤 대상과 맺은 관계성의 상태가 신실信實함을 말한다. '나'보다는 '너', '그대', '우리'에게 먼저 초점을 맞추는 일. 다른 말로는 대상을 향한 사랑이라고 하는데, 이 사랑이 모든 것을 이길 수 있음은 상대의 수많은 허물[罪]을 덮는 힘을 지녔기 때문이다. 덮을 수만 있으면 서로가 편하고 기꺼워진다. 어찌 즐겁지 않겠는가.

39

在家不會邀賓客 出外方知少主人
재가불회요빈객 출외방지소주인

"손님을 대접할 줄 모르면, 밖에 나가서야 비로소 주인다운 주인이 드물
다는 것을 알게 된다."

　집에 찾아오는 손님을 달가워하지 않는 세상이 됐다. 혼자만의 일
로도 마음이 분주하고 사생활 노출이나 손수 대접해야 한다는 부담
감 또한 싫기 때문이다. 그러다가 손님으로 갔을 때, 상대에게서 자신
의 모습을 보면서 깨닫게 된다는 내용이다. 주인다운 주인이 드물다
는 말은 사람다운 사람이 드물다는 말과도 같다. 상대의 존재성을 소
중히 여기기보다는 귀찮아하는 현상. 생각할수록 허전하다. 앞으로는
사람을 더욱 성의 있게 대해야겠다는 다짐을 해본다. 그대도 함께해
주면 좋겠다.

40

貧居鬧市無常識 富住深山有遠親
빈거료시무상식 부주심산유원친

"가난하면 저잣거리에 살아도 아는 체하는 사람이 없다. 부자라면 깊은

산 속에 살지라도 먼 친척까지 찾아온다."

41

人義盡從貧處斷 世情便向有錢家
인의진종빈처단 세정편향유전가

"사람에게 마땅한 의리조차 가난 앞에서는 끊어진다. 세상 인정까지 돈 있는 집으로만 몰리고."

42

寧塞無底缸 難塞鼻下橫
영색무저항 난색비하횡

"밑 빠진 항아리는 막을 수 있을지언정 코 밑에 가로놓인 것은 막기 어렵다."

혀와 입술을 제어할 수 있는 사람이 오히려 한 성을 정복한 장수보다 그 능력이 낫다는 말이 있다. 말로 인해 모든 말썽이 발생한다는 아주 적절한 비유이다. 코 밑에 가로 놓인 것, 즉 입을 다스리는 일이 사람에게는 그렇게 어렵다. 우리는 삼가고 더욱 삼가야 할 것이다.

人情 皆爲窘衆疎
인정 개위군중소

"인정은 궁핍하면 멀어진다."

史記曰 郊天禮廟 非酒不享 君臣朋友 非酒不義 鬪爭相和 非
酒不勸 故酒有成敗 而不可泛飮之
사기왈 교천예묘 비주불향 군신붕우 비주불의 투쟁상화 비주불권
고주유성패 이불가범음지

"하늘에 제사하며 사당에 제례할 때도 술이 아니면 드릴 수 없고, 사람
과 사람(임금과 신하, 친구)의 사이에도 술이 아니면 그 의리가 깊어지지
않고, 투쟁이 있을 때도 술이 아니면 서로 화해를 권하지 못한다. 이처럼
술로 일의 성패를 가릴 수 있으나 절대 함부로 마셔서는 안 된다."

술은 대부분 기쁨과 즐거움을 위해 마신다. 슬픔과 외로움, 때로는
울분을 달래기 위해서 마실 때도 있다. 『사기史記』를 기록한 사마천 또
한 슬픔과 외로움과 울분에 붙들려 있을 수밖에 없던 사람인 것을 우
리는 알고 있다. 울분을 삼키기 위한 술잔을 앞에 놓는 일이 여러 번
이었으리라. 그런데 위 내용 말미에 '이불가범음지'라는 문장을 썼다.

범음泛飮은 '물 들이붓듯' 혹은 '엎어질 정도로' 마신다는 뜻이다. 술에 심신을 마비시켜 분별이 없어지도록 만든다는 의미이기도 하다. 아무리 기쁘거나 어떤 울분에 휩싸여 있어도 그렇게 취하는 일은 스스로의 존엄성을 훼손하는 일이다. 생각하는 사람이라면 이를 어찌 부끄럽게 여기지 않겠는가.

45

子曰 士志於道 而恥惡衣惡食者 未足與議也
자왈 사지어도 이치악의악식자 미족여의야

"도에 뜻을 두었다면서 허름한 옷 변변찮은 음식을 부끄러워하는 자와 어찌 함께 도를 말할 수 있으리오."

46

荀子曰 士有妬友 則賢交不親 君有妬臣 則賢人不至
순자왈 사유투우 즉현교불친 군유투신 즉현인부지

"선비가 벗을 시기하면 어진 사람과 사귈 수 없다. 임금이 신하를 시기하는데 어떤 어진 사람이 찾아들겠는가."

순자의 이 말에서도 알 수 있지만, 모든 시기와 질투는 상대의 존재성을 인정할 줄 모르거나 인정하기 싫어하는 심성이 원인이다. 자기만이 세상의 중심이라는 독선이기도 하고. 대체로 어리석고 옹졸한 자들이 시기와 질투에 익숙하다. 그 특징은 이렇다. 뱉어내는 말에 고집을 담으면서도 그 발설한 언어에 책임질 줄은 모른다는 것. 또 자신의 시각을 절대화하기 잘해서 그 초점을 올바르게 교정하는 일에는 도대체 관심이 없다. 어떤 어진 이가 있어서 그것을 고쳐주려고 하다 보면 마음이 시달리고 상하기 일쑤다. 시인도 그런 일을 참 많이 겪었다. 함께 그 부분을 고민하던 친구에게 보내는 편지 형식의 시에 이렇게 쓴 적도 있다. '털면 다 먼지가 나서 / 사람은, / 사랑스럽지?' (박정규 시집『별은 아스피린이다』 p.18) 그렇더라도 이제는 이렇게 권해야겠다. 이런 사람의 곁에서는 떠나는 게 더 낫다고. 인간은 유한한 존재이고 허락된 시간 속에서 할 수 있는 일이 그렇게 많지 않기 때문이다. 이 사실을 깨달았기에 그대가 그런 시간 낭비를 하지 않기를 바라면서 들려준 이야기인데, 너무 냉정하고 이기적인 말일까. 그런 특징을 가진 사람일지라도 변화시켜보겠다는 사랑의 마음을 그대가 갖고 있을지도 모르는데. 그렇다면 이렇게 덧붙이고 싶다. 거기에는 온 생애를 걸겠다는 헌신의 각오가 반드시 필요하다고. 시인도 젊은 날에는 그런 마음가짐이었다. 그러다가 그 각오를 접는 순간 스며들어온 시간의 공허함을 견디기 힘들었다. 지금은 다만 그 헌신의 각오를 이어가지 못한 부끄러움을 다른 섬김으로 견뎌내고 있을 뿐. 인위人爲일지도 모르지만.

天不生無祿之人 地不長無名之草
천불생무록지인 지불장무명지초

"하늘이 사람을 태어나게 하면 먹을 것을 허락한다. 땅이 자라게 하는 풀 한 포기에도 다 이름이 있다."

위 문장에는 하늘의 섭리에 대한 포괄적 함축이 담겨 있다. 생명 있는 것들을 살게 하고, 그 존재성에 의미를 부여해주는 것. 우리는 이 부분을 방심하기 쉽다. 호흡하는 공기를 당연히 여기는 것처럼. 그래서 나타나는 것이 자의식이다. 이는 자기 존재성에 대한 확신이면서도 섭리의 은혜는 잘 실감하지 못하는 마음상태일 수 있다. 시인도 알지 못할 때는 그랬다. 돌이켜보면 이 자의식 증명의 태도에 작위적 作爲的인 것이 많았다. 마치 광대 짓처럼. 그렇다면 이 광대는 시선의 초점을 어디에 두고 있던 것일까. 아주 완벽한 광대가 되고 싶었을까. 그러나 이제는 아니다. 아침에 눈떴을 때 제일 먼저의 호흡도 이것이 됐다. 내 속에 들어와 사시는 이, 당신을 닮도록 나를 만들기에 애쓰시는 분의 이름을 부르는 것.

48

大富有天 小富有勤
대부유천 소부유근

"큰 부자는 하늘이 만들고 작은 부자는 부지런함이 만든다."

　부는 물론 모든 목표성취의 첩경捷徑(지름길)은 없다. 오직 근면과
성실의 길이 있을 뿐이다. 맡겨진 일에 부지런히 충성하고 힘을 다하
면 하늘은 마침내 이렇게 준비한 사람에게 기회를 준다. 그대에게 말
해주고 싶다. 성실과 근면의 습관을 키우는 일이야말로 잘 준비하는
것이라고. 잘 준비한다는 것은 성취의 과정(길)을 충실하게 다지며 밟
아간다는 뜻이다. 이 사실을 의식에 새겨두면 좋겠다. 그런데 혹시 이
과정을 무시하고 싶을 때가 있는지. 만약 '순식간'에 움켜쥐어보겠다
는 망상에 사로잡혀 있다면 분별력 사용의 의지가 사라진 사람이다.
더 무엇을 기대하겠는가. 그 삶의 결실은 욕심과 경둥거림으로 낭비
된 쓸모없는 것일 텐데.

49

成家之兒 惜糞如金 敗家之兒 用金如糞
성가지아 석분여금 패가지아 용금여분

"집안을 일으킬 아이는 똥일지라도 금같이 아끼지만, 집안을 망칠 아이는 돈 쓰는 일을 똥 치우듯 거침없이 한다."

집안 흥망성쇠의 이치를 단정적으로 말하고 있다. 농경시대에는 인분도 거름을 만드는 소중한 재료였다. 이런 것까지 아끼고 저축하면 집안의 토대가 튼튼해지겠지만, 부자랍시고 흥청망청 낭비하면 그 시절이 그렇게 길지 않을 것이라는 경고이다.

50

邵康節先生曰 閑居愼勿說無妨 纔說無妨便有妨 爽口勿多能作疾
소강절선생왈 한거신물설무방 재설무방변유방 상구물다능작질
快心事過必有殃 與其病後能服藥 不若病前能自防
쾌심사과필유앙 여기병후능복약 불약병전능자방

"편하게 산다고 거리낌 없는 소리를 하면 즉시 걱정거리가 생길 것이다. 입에 맞는 음식이라고 많이 먹으면 병이 될 것이다. 마음을 즐겁게 하는 일이 넘치면 재앙도 따라올 것이다. (이와 같으니) 병든 후 약 먹는 것보다는 미리 예방하는 것이 더 낫지 않겠는가."

소강절 선생의 이 7언시七言詩 몇 구절은 근신과 절제, 자중의 필요성에 대한 언급이다. 현재는 지난날의 결과이다. 미래 또한 지금으로부터 말미암는다. 훗날 인간으로서의 존엄성을 잃지 않기 위해서라도 지금의 절제와 자중은 더욱 요구된다는 의미를 담고 있다.

51

梓潼帝君垂訓曰 妙藥難醫冤債病 橫財不富命窮人 生事事生君莫怨

재동제군수훈왈 묘약난의원채병 횡재불부명궁인 생사사생군막원

害人人害汝休嗔 天地自然皆有報 遠在兒孫近在身

해인인해 여휴진 천지자연개유보 원재아손근재신

"묘약일지라도 원한으로 생긴 병은 고치기 어렵고 뜻밖의 재물도 궁한 사람을 부자로 만들지는 못하거늘, 일 저지르고 나서 일 생겼다고 원망할 텐가. 남을 해쳤으면서 남이 나를 해친다고 화를 내는구나. 하늘과 땅 사이의 모든 일에는 응보가 있으니 멀게는 자손에게 가까이에는 자기 몸에 미치느니라."

사람을 사랑하는 일의 바탕은, 상대의 터무니없음까지 오래 참는 것이다. 거기에 무례히 반응하지 않는 일이다. 이렇게 할 수 있다면 누구에게도 원한을 품거나 갖게 하는 일은 없다. 신묘한 명약도 원한으로 말미암은 마음의 병은 고치기 어렵다. 대체로 원한의 대상이 되는 이는 덕 쌓는 일에 소홀한 사람일 경우가 많다. 성품은 각박하고 궁색하다. 횡재할지라도 부자로 살아가기 힘들다. 하늘의 그물은 엉성한 것 같지만 질기고도 치밀해서 하나도 빠뜨리는 일이 없다고 했다. 그 응보의 결과가 멀리는 자손에게 가깝게는 당사자에게 나타난다.

52

花落花開開又落 錦衣布衣更換着 豪家未必常富貴 貧家未必
長寂寞
화락화개개우락 금의포의갱환착 호가미필상부귀 빈가미필장적막

扶人未必常青霄 推人未必塡邱壑 勸君凡事莫怨天 天意於人
無厚薄
부인미필상청소 추인미필전구학 권군범사막원천 천의어인무후박

"꽃은 졌다가 피고 폈다가 진다. 비단옷 입다가 다시 베옷을 입을 수도
있다. 힘 있는 집이라고 항상 부귀하기만 한 것도 아니다. 가난한 집이라
고 언제까지 적막하기만 하겠는가. 남을 돕는 일이 반드시 하늘에 닿는
것도 아니다. 남을 밀어트린들 반드시 구렁텅이까지 굴러 떨어뜨릴 수 있
는 것도 아니다. 그대에게 권하노니 이 모든 일에 하늘을 원망하지 말지
어다. 하늘의 뜻은 사람에게 후하지도 않고 그렇다고 박함도 없느니라."

화무십일홍花無十日紅이며 권불십년權不十年, 재불백년財不百年이라고 했
다. 꽃 피어 열흘 붉을 수 없고, 권력을 잡은들 그 힘을 십 년 넘게
휘두를 수 없으며, 재물을 아무리 많이 모은들 이 또한 백 년 이상 유
지할 수 없다는 비유다. 위 문장에는 사람은 하늘의 섭리에 따를 수
밖에 없는 유한한 존재라는 통찰이 담겨 있다. 자신이 세운 선한 원
칙에 애쓰고 노력하면 하늘의 섭리는 그 사람에게 공평하게 작용한
다. 공평하게 작용한다는 말은 어떤 상태 앞에서도 그 삶에 억울함이
없다는 뜻이다.

53

堪歎人心毒似蛇 誰知天眼轉如車 去年妄取東隣物 今日還歸
北舍家

감탄인심독사사 수지천안전여거 거년망취동린물 금일환귀북사가

無義錢財湯撥雪 儻來田地水推沙 若將狡譎爲生計 恰似朝雲
暮落花

무의전재탕발설 당래전지수추사 약장교휼위생계 흡사조운모락화

"한탄해 마지않는 것은 사람 마음의 독함이 뱀과 다를 바 없음이라. 누
가 하늘의 눈[眼]이 수레바퀴처럼 돌고 있음을 알고 있는가. 지난날 터무
니없이 취한 재물은 동쪽 이웃의 것이었거늘, 오늘은 북쪽 집으로 되돌
아갔구나. 의롭지 않은 재물은 끓는 물에 뿌려진 눈[雪]이다. 뜻밖에 굴
러들어온 전답 역시 물에 밀려온 모래이다(밀려온 모래처럼 다시 밀려
나갈 것이다). 간교한 속임수로 생계를 꾸미려는가. 아침에 피어오르는
구름(금방 흩어지는)이며, 저녁에 지는 꽃(금방 시드는)과 같을 것이다."

54

無藥可醫卿相壽 有錢難買子孫賢

무약가의경상수 유전난매자손현

"그 신분이 아무리 귀할지언정 약으로 수명을 늘려줄 수는 없다. 돈으로
자손의 현명함을 사기 어려운 것처럼."

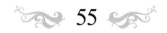

55

一日淸閑 一日仙
일일청한 일일선

"하루라도 마음이 맑고 조바심이 없으면 그날만큼은 신선이 될 수도 있으리니."

대부분의 조바심은 성취의 욕심에서 발생한다. 이 욕심을 좇느라 쉬지도 못한다. 그러나 쉬지 않으면 창의력은 생겨나지 않는다. 때로 몸과 마음을 쉬게 해주는 것을 안식(Vacation)이라고 하는데, 그 어원에는 버리고 포기함으로써 다시 채운다는 재충전의 의미가 담겨 있다.

第十二篇 내 마음을 들여다보니 2 (省心篇 2)

지식으로서의 진리眞理를 아는 사람은 많다. 그러나 알게 된 것을 자연스레 행하는 실천의 경우는 드물다. 무슨 까닭일까. 『논어』에 이런 말이 있다. '지지자 불여호지자 호지자 불여낙지자知之者 不如好之者 好之者 不如樂之者' 알기만 하는 사람은 그것을 좋아하는 사람만 못하고, 좋아하더라도 그것을 즐기는 사람만 못하다는 뜻. 앎을 실천하는 것은 끊임없이 자신을 개선해 나가겠다는 의지의 작용이다. 이 의지에 실천을 통합시키려면 거기에 순응하기를 좋아하는 태도가 필요하다. 좋아하게 되면 머리뿐 아니라 가슴과 몸 전체에서 반응이 나타난다. 또 이 반응을 받아들여 즐겁게 행(실천)할 수 있다면, 그 삶의 여정은 도덕적 완성을 향한 길에 들어섰다고 할 수 있다. 앎과 깨달음을 행하려는 마음의 의지와 몸의 실천은 세상을 만드신 창조주의 '부르심'에 올바르게 '응답'하는 태도이기도 하다.

　성심省心 편 2편에는 같은 내용이 여러 번 등장한다. 자신과 후손에게 복을 만들기 위해서라도 알고 깨달은 것의 실천은 반드시 필요한데, 이는 인간의 존엄성과 긍지를 높이는 가장 큰 가치라고.

1

眞宗皇帝御製曰 知危識險 終無羅網之門 擧善薦賢 自有安身 之路

진종황제어제왈 지위식험 종무라망지문 거선천현 자유안신지로

施恩布德 乃世代之榮昌 懷妬報寃 與子孫之爲患 損人利己 終無顯達雲仍

시은포덕 내세대지영창 회투보원 여자손지위환 손인이기 종무현 달운잉

害衆成家 豈有長久富貴 改名異體 皆因巧語而生 禍起傷身 皆是不仁之召

해중성가 기유장구부귀 개명이체 개인교어이생 화기상신 개시불 인지소

"위험을 알고 있으면 법망에 걸려들 일은 끝까지 하지 않을 것이다. 착하고 어진 사람을 천거하는 일은 스스로 몸이 편해지는 길이다. 은혜와 덕을 널리 베풀면 집안은 대대로 번창한다. 시기나 원한의 보복은 그 자손에게 후환을 남기는 일이다. 남에게 손해를 끼쳐서 이익을 보았는가. 그렇다면 앞으로 출세하는 자손은 없을 것이다. 많은 사람에게 손해를 끼쳐서 집안을 일으친들 그 부귀가 어찌 오래가겠는가. 이름과 모습을 바꿔 정체를 숨기려 함은 교묘한 말로 남을 속였기 때문이다. 화가 닥치고 몸이 상하는 것 모두가 스스로 어질지 못함을 말미암는다."

송나라 3대 황제였던 진종의 글에는 관계성에서의 인지상정이 세심하게 나타나 있다. 오늘의 행함이 나중의 결과로 나타날 것이라는 경고도 분명하다. 사람을 세우고 배려하는 일의 가치를 먼저 말한 다음 절제와 근신과 언어의 정직함에 대한 필요성을 함께 설명해 놓았다.

2

神宗皇帝御製曰 遠非道之材 戒過度之酒 居必擇隣 交必擇友
신종황제어제왈 원비도지재 계과도지주 거필택린 교필택우

嫉妬勿起於心 讒言勿宣於口 骨肉貧者莫疎 他人富者莫厚 克
己以勤儉爲先
질투물기어심 참언물선어구 골륙빈자막소 타인부자막후 극기이근검위선

愛衆以謙和爲首 常思已往之非 每念未來之咎 若依朕之斯言
治國家而可久
애중이겸화위수 상사이왕지비 매념미래지구 약의짐지사언 치국가이가구

"도리에 어긋난 재물을 멀리하라. 과도한 술을 삼가라. 반드시 이웃을 가려서 살고 친구도 가려서 사귀라. 질투가 일어나지 않도록 마음을 다스려라. 헐뜯는 말을 입 밖에 내지 않도록 하라. 친척이 가난하다고 거리를 두면 안 된다. 이웃이 부자라고 굽실댈 텐가. 자기를 극복하는 일에 있어서는 부지런함과 아낌을 따를 것이 없다. 사람 사랑하는 일에는 겸손과 화목이 으뜸이다. 항상 지난 허물을 생각하고 언제나 미래의 허물을 염려하라. 짐의 이 말을 따른다면 나라와 집안 다스림이 오래갈 것이다."

신종神宗은 송나라 6대 임금이다. 그가 남긴 윗글에는 평강平康, 즉 평화롭고 건강한 삶을 살 수 있는 방편이 제시돼 있다.

내용을 정리해보면 이렇다. 도리에 어긋난 재물을 멀리하라는 것은 열심히 일해서 얻는 대가에 만족하며 그것으로 생활을 누리라는 뜻이다. 과도한 술을 삼가라는 것은 기타 여러 가지 쾌락에도 탐닉할 틈을 만들기 때문이다. 사람에게 닥치는 화근의 대부분은 남을 질투하거나 헐뜯는 데서 발생한다. 친척이 가난하다고 업신여기지 말며 부자라고 무조건 아첨하지도 말 것이다. 부지런히 일하면서 시간과 물질을 낭비할 일에 무관심하면 긴급하거나 답답한 상황에 처했을 때의 대비가 갖춰진다. 겸손과 화목으로 사람을 대하면 오히려 다른 이들에게 더 떠받들어진다. 아름다운 관계성을 맺기 위해서는 서로 알아줘야 한다. 알아주는 일은 서로의 존재성을 그대로 인정해주는 일이다. 존재성을 인정해준다는 것은 내 기준의 내 입맛을 따지는 게 아니다. 상대의 입장과 처지를 있는 그대로 보면서 그 가치를 내 이익의 크고 작음과 결부結付시키지 않는다는 의미다. 이것이 겸손의 본질이다. 여기에 더 중요한 것이 있다. 단점은 최대한 덮어서 가려주고 장점은 밝히고 북돋아서 세워줘야 한다는 것. 또한 과거를 반성한다는 것은 지난 잘못을 되풀이하지 않겠다는 각오이다. 미래의 허물을 염려하라는 것은 앞으로 맡길 일을 잘 감당할 수 있도록 지금 잘 준비하라는 뜻인데, 다른 말로는 미래를 향한 비전(Vision)의 실천(다짐)이라고 한다.

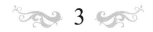

3

高宗皇帝御製曰 一星之火 能燒萬頃之薪 半句非言 誤損平生
之德

고종황제어제왈 일성지화 능소만경지신 반구비언 오손평생지덕

身被一縷 常思織女之勞 日食三飱 每念農夫之苦 苟貪妬損 終無
十載安康

신피일루 상사직녀지로 일식삼손 매념농부지고 구탐투손 종무십
재안강

積善存仁 必有榮華後裔 福緣善慶 多因積行而生 入聖超凡 盡是
眞實利得

적선존인 필유영화후예 복연선경 다인적행이생 입성초범 진시진
실이득

"한 점의 불씨가 넓디넓은 숲을 태우는 것처럼 반 마디 같잖은 말이 평
생 쌓은 덕을 그르칠 수 있는 것이다. 몸에 한 자락 누더기를 걸쳤더라도
베 짜는 여인의 노고를 생각할 일이다. 하루 세 끼 밥상을 대할 때마다 농
부의 수고 또한 잊지 않을 일이다. 구차한 탐심과 시기로 남에게 손해를
끼쳤다면 겨우 십 년의 편안함도 누릴 수 없을 것이다. 늘 선과 인을 쌓
으라. 반드시 후손에게 영화가 있을 것이다. 착하고 기쁨을 말미암는 복
은 나눔을 쌓는 삶에서 생기는 것이다. 평범한 사람이 거룩한 경지에 들
어설 수 있는 길은 오직 진실함에서만 얻을 수 있는 것이다."

이 말을 남긴 고종은 남송南宋의 1대 황제를 말한다. 평범한 사람일
지라도 말의 습관과 남을 배려하는 마음과 생각의 방향에 따라서 그

삶의 가치가 거룩한 경지에 들어설 수 있음을 강조하고 있다.

4

王良曰 欲知其君 先視其臣 欲知其人 先視其友 欲知其父 先
視其子
왕량왈 욕지기군 선시기신 욕지기인 선시기우 욕지기부 선시기자
君聖臣忠 父慈子孝
군성신충 부자자효

춘추시대 때 진晉나라 사람 왕량이 말했다.
"임금을 알려면 먼저 그 신하를 보고, 사람을 알려면 먼저 그 벗을 보고,
아버지를 알려면 먼저 그 아들을 보라. 임금이 반듯하게 빛이 나면 그 신
하가 충성스럽고, 아버지가 인자하면 그 아들이 효성스럽다."

5

家語云 水至清則無魚 人至察則無徒
가어운 수지청즉무어 인지찰즉무도

"물이 너무 맑으면 물고기가 없고, 사람이 너무 따지면 함께 어울릴 이
웃이 없다."

가어는 『공자가어孔子家語』를 일컫는 말이다. 공자의 언행을 기록한
책이다.

물이 너무 맑으면 물고기가 먹을 미생물이 적다. 훤히 들여다보이
니 위험에 노출될 경우도 많다. 물이 맑다고 고기가 살아가기에 좋은
환경은 아니라는 뜻이다. 또한 사람을 요모조모 따지고 살피는 이들은
대체로 손해 보지 않으려는 특징이 있다. 똑똑하다. 분명해야 한다는
명분으로 매사를 각박하게 처리한다. 그런 모습들이 보통은 아니라고
여겨지는데, 그러나 곁을 주고 싶지는 않다. 대하기가 피곤하기 때문
이다. 반면에 덮어주고 감싸주며 넉넉하게 섞여 들어갈 줄 아는 사람
들이 있다. 시인이 살펴본 바로는 이런 순한 성품에서 오히려 더 반듯
하고 둥글고 환한, 맑은 냄새가 풍겨 나왔다. 정녕 사람다운 사람의 냄새.

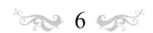

6

許敬宗曰 春雨如膏 行人 惡其泥濘 秋月揚揮 盜者 憎其照鑑
허경종왈 춘우여고 행인 오기이녕 추월양휘 도자 증기조감

**"봄비는 땅을 기름지게 하건만 오가는 사람은 진창이 됐다고 싫어하는
가. 가을 달 높고 환하거늘 도둑은 오히려 그 밝은 빛을 미워하는구나."**

자기만 편하고 이익을 얻겠다는 입장에서 일방적으로 생각하는 것
을 이기심이라고 한다. 당대唐代의 시인 허경종은 자신의 시에서 사람
의 이런 마음 상태를 대조법으로 표현했다.

7

景行錄云 大丈夫 見善明 故重名節於泰山 用心精 故輕死生
於鴻毛

경행록운 대장부 견선명 고중명절어태산 용심정 고경사생어홍모

**"대장부는 선을 밝게 본다. 그러므로 명분과 절개를 태산처럼 무겁게 여
긴다. 마음 씀씀이 또한 맑다. 그러므로 죽고 사는 일조차 기러기 깃털처
럼 가볍게 여긴다."**

　대장부란 옳고 선하다고 여겨지는 일에 흔들림 없이 뜻을 맡기는 사
람을 일컫는다. 그가 바라보는 선善함에는 굴절이 없다. 선을 바라보는
시각에서, 자기이익과 뜻을 관철시키기 위해 원칙과 사실을 왜곡하지
않는다. 이해타산을 따지지 않는 마음 씀씀이니 거리낌이 있을 수 없
다. 불의는 용납하지 않지만 목소리를 높이지도 않는다. 상황에 구애받
지 않기 때문이다. 그런데 지금은 소인배들의 헛소리만 들어야 하는
시대인가. 꼭 보아야 할 것을 저들은 볼 줄 모른다. 꼭 들어야 할 것을
저들은 듣지 않는다. 오직 목소리 높이는 일만을 자기 가치증명의 수
단으로 삼는다. 아주 작은 이익 앞에서는 또 아무렇지 않게 전혀 다른
소리를 내지른다. 소인배들의 몰염치한 아우성이 지겹다. 지금 이 세상
의 세계에서는 정녕 대장부다운 대장부를 찾아볼 수 없게 됐는가.

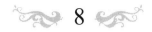

8

悶人之凶 樂人之善 濟人之急 救人之危
민인지흉 낙인지선 제인지급 구인지위

"남의 흉사는 불쌍히 여기고, 좋은 일은 즐거워하고, 긴급해졌을 때는 도와주고, 위태로울 때는 건져줘야 한다."

적선지가積善之家 필유여경必有餘慶이라고 했다. 남을 잘 돕는 집에는 즐거운 일이 넘친다는 뜻이다. 특히 이 문장에는 조상이 이렇게 행하면 그 후손에게 기쁨이 점점 많아지리라는 의미가 함축되어 있다. 그렇더라도 굳이 강조할 필요가 있을까. 남의 불행을 안타까워하고, 남의 좋은 일을 자기 일처럼 기뻐하며, 남이 어렵고 위태할 때 손 붙들어주는 일은 사람이 사람다운 사람으로 살아가는 동안의 당연한 도리인 것을.

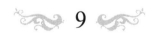

9

經目之事 恐未皆眞 背後之言 豈足深信
경목지사 공미개진 배후지언 기족심신

"눈으로 본 일조차 다 진실일까 두렵거늘, 뒤에서 하는 말 따위를 어찌 깊이 믿을 수 있겠는가."

질문을 해봐야겠다. 누가(a) 누구(b)의 말을 누구(c)에게 전할 때, a는 b의 말을 c에게 가감 없이 그대로 전할까, 아니면 느낌을 첨가해서 전할까. 이 부분에 대해서 깊이 생각할 수 있기를 바란다. 느낌과 사실은 다르기 때문이다. 만약 그대가 c의 입장이라면, a의 어처구니없는 '느낌'을 전달받고 시달리게 됐다면, 그리고 '무례히 행치 않을 자신'이 있다면, b에게 사실을 확인해보는 것도 실마리를 푸는 한 방법일 수 있다. 확인하고 나면 a와 b와 그대는 느낌에 지배받는 오해에서 훨씬 많이 벗어날 수 있을 테니까. 그 느낌의 파장에 조금 시달렸을지언정.

10

不恨自家汲繩短 只恨他家苦井深
불한자가급승단 지한타가고정심

"자기 집 두레박 줄 짧은 것은 모르고 남의 집 우물 깊은 것을 탓한다."

남의 우물에 왜 갔을까. 어떤 이유에서든 이웃의 물이 필요해서였겠지. 말하자면 아쉬운 입장. 그런데도 사람 생겨 먹기의 저 터무니없음이라니. 자신의 입장에서, 자기의 기준만을 절대화하는 일은 때로 억지와 몰염치가 되기도 한다.

11

賊濫滿天下 罪拘薄福人
장람만천하 죄구박복인

"훔쳐 쌓은 재물이 세상에 넘치는데, 죄는 복 없는 자가 짊어지는구나."

12

天若改常 不風卽雨 人若改常 不病卽死
천약개상 불풍즉우 인약개상 불병즉사

"하늘이 정상적인 상태가 아니면 폭풍과 폭우가 쏟아지리라. 사람이 정
상적인 상태를 벗어나면 병들거나 죽게 될 테고."

하늘이 상도常度를 벗어났다는 것은 우주의 궤도가 흔들렸다는 말이
다. 어찌 폭풍과 폭우뿐이겠는가. 천재지변에 의한 지구 종말이 찾아올
것이다. 사람의 상도는 절제와 인지상정에서의 배려인데, 만약 이를 벗
어난 삶을 살게 되면 그 결말의 결과는 비참할 것이라는 경고이다.

13

壯元詩曰 國正天心順 官淸民自安 妻賢夫禍少 子孝父心寬
장원시왈 국정천심순 관청민자안 처현부화소 자효부심관

"나라가 반듯하면 하늘도 이를 거스르지 않을 것이다. 벼슬아치가 깨끗
하면 백성은 저절로 편안해질 것이다. 아내가 어질면 남편에게 화가 적
을 것이다. 아들이 효도하면 아버지의 마음이 너그러워질 것이다."

14

子曰 木從繩則直 人受諫則聖
자왈 목종승즉직 인수간즉성

"먹줄을 좇은 나무는 곧다. 간諫(권고, 충고)하는 말을 받아들일 수 있는
사람은 거룩해질 것이다."

공자의 이 말은 규범과 원칙을 따르라는 충고다. 대체로 나무의 옹
이는 먹줄대로 켤 때도 튕겨 나오기를 잘한다. 사람에게도 이런 옹이
가 있다. 자기 경험과 자기 지식의 절대화. 다른 이의 권면을 아니꼬
워하는 완악함. 그렇더라도 사람에 대한 기대는 버릴 수 없다. 그 옹
이가 튕겨 나간 자리에 새롭게 순응과 아량의 무늬를 채워 넣을 가능
성 때문이다.

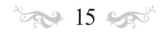

15

一派青山景色幽 全人田土後人收 後人收得莫歡喜 更有收人
在後頭
일파청산경색유 전인전토후인수 후인수득막환희 갱유수인재후두

**"한 줄기 푸른 산 경치는 그윽하거늘, 앞사람의 논밭을 뒷사람이 차지했
구나. 그렇다고 기뻐하는가. 다시 차지할 사람 바로 뒤에 와 있는데."**

위 7언 시 4구는 만물순환의 이치를 말하고 있다. 그대에게 묻노니
지금 무엇을 움켜쥐게 됐는가. 그것을 더 힘껏 움켜쥐고 싶은가. 이렇
게 덧붙이고 싶다. 집착에서 벗어날 것. 훗날 회한의 기억에 붙들려
있지 않으려면. 이 또한 지나가는 것일 뿐임을 명심할 수 있기를.

16

蘇東坡曰 無故而得千金 不有天福 必有大禍
소동파왈 무고이득천금 불유천복 필유대화

소동파는 이런 시를 남겼다.
**"아무 노력 없이 큰 재물을 얻게 된 것이 복은 아니다. 반드시 큰 재앙이
뒤따를 것이다."**

17

邵康節先生曰 有人來問卜 如何是禍福 我虧人是禍 人虧我是福
소강절선생왈 유인래문복 여하시화복 아휴인시화 인휴아시복

"누가 찾아와서 화와 복이 무엇이냐고 묻기에, 남 헐뜯는 것은 화가 되고 남이 나를 헐뜯으면 복이 된다고 대답했다."

이 시에서의 진술은 시인 소옹의 성품이 순하고 넓은 아량의 소유자였다고 짐작하게 한다. 사람을 대하는 태도가 각박하지 않다. 그대와 나 역시 이웃에 대한 언행심사에서 이런 넉넉함을 보일 수 있으면 좋겠다. 지금 언급한 이웃은 이해타산으로 맺은 관계성까지 다 포함해서 하는 말이다.

18

大廈千間 夜臥八尺 良田萬頃 日食二升
대하천간 야와팔척 양전만경 일식이승

"천 칸 되는 큰집에서도 밤에 눕는 자리는 여덟 자요, 좋은 농토가 만 이랑이라도 하루 먹는 양은 두 되뿐이다."

아무리 넓은 집에 살아도 눕는 침대는 사방 여덟 자(2.4m)를 넘지 않는다. 매끼가 좋은 반찬이라도 먹을 수 있는 양은 고작 밥 한 그릇이다. 많은 재물을 소유했으면서도 누릴 줄 모르고, 움켜쥐고만 있으려는 삶의 모습은 공허하고 삭막하다. 누린다는 말은 기꺼이 섬기고 나누면서 기쁨을 얻는다는 의미이다.

19

久住令人賤 頻來親也疎 但看三五日 相見不如初
구주영인천 빈래친야소 단간삼오일 상견불여초

"남의 집에 오래 머물면 사람이 천해진다. 너무 자주 찾아가면 친한 사이도 멀어진다. 단 사나흘 혹은 닷새 정도만 함께 지내도 처음과 같지 않음을 알 것이다."

20

渴時一適 如甘露 醉後添盃 不如無
갈시일적 여감로 취후첨배 불여무

"목마를 때 한 방울의 물은 마치 단 이슬 같으나 취한 후 잔을 더함은 차라리 마시지 않음만 못하다."

21

酒不醉人 人自醉 色不迷人 人自迷
주불취인 인자취 색불미인 인자미

"술이 취하게 하는 것이 아니라 사람 스스로가 취하는 것이다. 색이 정신 못 차리게 하는 것이 아니라 사람 스스로가 빠져드는 것이다."

22

公心 若比私心 何事不辨 道心 若同情念 成佛多時
공심 약비사심 하사불변 도심 약동정념 성불다시

"공公을 위하는 마음이 사私를 위하는 마음과 같다면 분별하지 못할 일이 어디 있으리오. 도道를 지키는 마음이 정념과 같다면 성불한 지 이미 오래됐을 터."

사람이 가장 사랑하는 것은 자신일 수밖에 없다. 이런 마음가짐으로 공적인 일을 한다면 옳고 그름을 더욱 명확히 가려낼 수 있다. 그리고 또 가장 뜨거운 것은 남녀 간의 정념이 아니겠는가. 이렇게 구도求道하면 곧 깨달음을 얻게 된다는 말이다.

23

廉溪先生曰 巧者言 拙者黙 巧者勞 拙者逸 巧者賊 拙者德 巧
者凶

염계선생왈 교자언 졸자묵 교자로 졸자일 교자적 졸자덕 교자흉

拙者吉 嗚呼 天下拙 刑政徹 上安下順 風淸弊絶

졸자길 오호 천하졸 형정철 상안하순 풍청폐절

"재주꾼은 말을 내세우지만 못난이는 말이 없다. 재주꾼은 고달프나 못
난이는 편하다. 재주꾼은 남을 해칠 수도 있으나 못난이는 덕을 세운다.
까닭에 재주꾼은 흉하고 못난이가 오히려 길하다. 오호라! 세상이 이처
럼 낮아질 수만 있다면 다스림에도 법도가 세워져서 윗사람은 넉넉하고
(억지를 부리지 않고), 아랫사람은 거스르지 않을 것(저항과 대립)이다.
풍속도 맑아지고 폐습 또한 사라질 텐데."

　대체로 재주 있는 사람들은 말을 앞세우기 쉽다. 반면에 재주가 모
자란 듯 보이는 사람들은 어떤 일이든지 묵묵하지만 맡긴 일에는 성
실하다. 염계선생의 이름은 주돈이周敦頤, 시호는 원공元公이며 송나라
유학자들의 큰 스승이다. 위 문장의 내용처럼 화사한 말을 내세우기
쉬운 재주보다는, 묵묵히 실천하는 겸손의 덕이 더 앞선 가치라는 통
찰의 가르침을 남겼다.

24

易曰 德微而爲尊 智小而謨大 無禍者鮮矣
역왈 덕미이위존 지소이모대 무화자선의

"덕이 모자라면서도 지위가 높은가. 지혜가 짧은데도 큰일을 꾀하는가. 결국은 화를 피할 수 없게 될 것이다."

역易은 『역경易經』 또는 『주역周易』이라고 일컬어지는 책을 말한다. 우주의 원리와 인간의 길흉화복을 기록하고 있다. 거기에서 가져온 위 내용은 이렇게 권고한다. 어떤 자리에 나아가거나 일을 도모할 때 먼저 자신의 역량을 살펴보라고 이는 일의 진행에 착오를 일으키지 않을 분별력에 대한 요구이다. 후에 발생할 길흉화복의 원인과 결과 또한 외부가 아닌 자신의 내면에서부터 말미암는다는 깨우침이기도 하다.

25

說苑曰 官怠於宦成 病加於小愈 禍生於懈怠 孝衰於妻子 察此四者
설원왈 관태어환성 병가어소유 화생어해태 효쇠어처자 찰차사자
愼終如始
신종여시

"벼슬이 높아지면 느슨해지고, 병이 낫다가도 소홀하면 심해지는 것처럼 재앙은 게으름을 피우는 데서 발생한다. 효가 쇠하는 것은 처자식에게만 치중하기 때문이다. 이 네 가지를 잘 살펴서 그 신중함의 처음과 나중이 같도록 하라."

『설원』은 전한前漢 때 사람 유향劉向이 쓴 책이다. 윗글은 마음가짐과 처신의 처음과 나중이 같아야 한다고 말하고 있다. 해야 할 일에 대한 원칙에서 흔들리지 말라는 강조이다.

26

기만즉일 인만즉상

"그릇이 차면 넘치듯 사람도 차면 잃는다."

27

척벽비보 촌음시경

"한 자 되는 벽옥인들 보물은 아니다. 오직 짧은 시간을 아끼기 위해 다퉈야 할 것이다."

단순한 문장이지만 글을 남긴 이의 인식은 놀랍다. 유한성을 지닌 존재들이 집착하기 쉬운 것은 물질이다. 그러나 한계 범위 안에서 존재가치를 증명하기 위한 수단은 자신에게 허락된 시간에 대한 성실뿐이라는 성찰省察이기에 그렇다.

28

羊羹 雖美 衆口難調
양갱 수미 중구난조

"양 고깃국이 맛있다 해도 여러 사람 입맛을 다 맞추기는 어렵다."

사람은 생김새가 모두 다르다. 생각과 취향도 같지 않다. 손수 만든 어떤 음식을 대접받는 자리에서도 그렇다. 짜다, 싱겁다는 각자의 입맛을 나타낸다. 이럴 때 음식을 내놓은 사람은 난처해할 필요가 없다. 저 사람의 입맛은 저런가 보다 이해하면 그만이다. 내 입맛과 다르다고 섭섭해 할 일도 아니다. 더 좋은 것은 음식을 대접받는 사람들이 짜고 싱거운 것을 따지기 전에 아, 이것을 만들기 위해 참 애썼겠구나, 그 수고와 정성에 공감해주는 것이다. 상대를 그대로 인정해주는 따뜻함은 이렇다. 모든 관계성에서 매우 중요한 태도이다. 이때에야 비로소 소통할 수 있다. 그리고 소통의 기꺼움은 서로의 한계를 인정해줄 수 있는 범위를 벗어날 수 없음도 알아둬야 할 사실이다. 때문에 우리는 생각의 지경地境을 날마다 넓혀나가야 한다.

29

益智書云 白玉投於泥塗 不能汚穢其色 君子行於濁地 不能染
亂其心
익지서운 백옥토어니도 불능오예기색 군자행어탁지 불능염란기심
故松柏可以耐雪霜 明智可以涉危難
고송백가이내설상 명지가이섭위난

"백옥을 진흙에 던져도 그 빛은 더럽힐 수 없다. 군자가 혼탁한 곳에 있
다고 그 마음이 물들어 어지럽겠는가. 이는 마치 송백이 눈과 서리를 이
겨내고 밝은 지혜가 위난을 헤쳐 나가는 것과 같다."

『익지서益智書』의 이 말은 사물의 본질에 대한 통찰이다. 백옥은 본
디 맑은 빛을 내게 되어 있다. 소나무, 전나무는 눈과 서리가 내려도
잎을 떨어뜨리지 않는다. 마찬가지로 군자의 본질은 마음의 청결함이
다. 이는 마음의 깨끗함만을 이야기하는 것이 아니다. 책의 서두 부분
에서도 언급한 것처럼 누가 보든 말든, 누가 있든 없든, 그리고 어떤
처지에 있더라도 그 언행심사의 반듯함을 흩지 않는다는 뜻이다.

30

入山擒虎易 開口告人難
입산금호이 개구고인난

"산에 들어가 범을 잡기는 차라리 쉬우나 입을 열어 남에게 고(부탁)하기는 참으로 어렵다."

31

遠水不救近火 遠親不如近隣
원수불구근화 원친불여근린

"먼 곳에 있는 물은 가까운 불을 끄지 못하고, 먼 곳의 친척은 가까운 이웃만 못하다."

32

太公曰 日月雖明 不照覆盆之下 刀刃雖快 不斬無罪之人 非災橫禍
태공왈 일월수명 부조복분지하 도인수쾌 불참무죄지인 비재횡화
不入愼家之門
불입신가지문

"해와 달 비록 밝아도 엎어놓은 항아리 밑은 밝히지 못한다. 칼날이 아무리 날카로워도 죄 없는 사람은 베지 못한다. 뜻밖의 재앙과 화도 조심하는 집 문턱은 넘지 못한다."

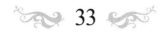

33

太公曰 良田萬頃 不如薄藝隨身
태공왈 양전만경 불여박예수신

"좋은 땅 만 이랑도 하찮은 기술 하나를 몸에 익혀둔 것만 못하다."

34

性理書云 接物之要 己所不欲 勿施於人 行有不得 反求諸己
성리서운 접물지요 기소불욕 물시어인 행유부득 반구제기

"사물(타인)을 대할 때의 요체는 이것이다. 자기가 하기 싫은 일을 남에게 떠맡기지 말 것. 쓸데없는 일을 부득이 해야 할 경우 그 원인을 (누구 때문이라고 남 탓을 하지 말고) 자신에게서 찾아볼 것."

하기 싫은 일을 맡아야 할 경우도 있다. 누가 대신해주기를 바랄 때도 많다. 그런데 우리는 또 수많은 사람과도 만난다. 그때마다 내 존재성을 드러내고 싶다. 알아주기를 바라기(대접받고 싶기) 때문이다. 상대도 마찬가지겠지. 그러니까 먼저 제대로 대접하라. 먼저 대접(알아주고, 남이 하기 싫은 일까지 기꺼이 맡아서 감당해내는 것을 포함해서)하기를 좋아하는 사람은 그 평생 걷는 길 위에서 신뢰와 존중을 받는다.

35

酒色財氣四堵墻 多少賢愚在內廂 若有世人 跳得出 便是神仙
不死方

주색재기사도장 다소현우재내상 약유세인 도득출 변시시선불사방

"술과 색과 재물과 기력의 네 가지 담장 안에 많은 사람이 갇혀 있네. 저
중에서 누가 거기를 뛰쳐나올 수 있을까. 이는 곧 신선이 되어 죽지 않는
방법이겠거늘."

第十三篇 삼강오륜이 말하는 것(入敎篇)

입교入敎 편에는 삼강오륜三綱五倫과 인의예지신仁義禮智信의 덕목이 기록되어 있다. 이를 잘 실천할 수 있는 힘을 기르면 삶의 길을 걷는 동안 곁길로 빠지는 일이 없을 것이다.

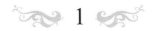

1

子曰 立身有義而孝爲本 喪祀有禮而哀爲本 戰陣有列而勇爲本
자왈 입신유의이효위본 상사유례이애위본 전진유열이용위본
治政有理而農爲本 居國有道而嗣爲本 生材有時而力爲本
치정유리이농위본 거국유도이사위본 생재유시이력위본

"입신에서의 올바름은 효도가 근본이다. 초상 치름에서의 예는 슬픔이 근본이다. 전쟁터에서의 서열은 용기가 근본이다. 나라 다스리는 일에서의 순리는 농업을 근본으로 삼는 것이다. 나라를 보존하는 일에서의 도리는 대를 잇는 것이다. 재물을 생산하는 일에도 때가 있으니 이를 놓치지 않도록 노력해야 한다."

입신을 출세의 시작이라고 말한다. 사람 노릇을 제대로 하기 위한 틀을 갖췄다는 의미이다. 자식이 틀을 갖추는 순간 부모에게는 기쁨과 보람이 넘친다. 영향력을 행사하는 어떤 위치에 서게 됐기 때문이다. 사람이 이런 자리에 바르게 서 있으려면 성품을 잘 닦아놓아야 한다. 이를 통해 발휘되는 능력 가운데 으뜸은 섬김과 나눔이다. 섬김에서 가장 먼저 실천해야 할 사항을 공자는 효를 행함이라고 말하고 있다. 이는 온유함을 바탕으로 한다. 산상수훈에서는 이렇게 말씀하고 있다. "온유한 자는 복이 있나니 저희가 땅을 기업으로 받을 것임이요." 땅은 기반이며 생산소득의 근원이다. 앞으로도 땅에서의 생산품 즉 식량은 대단한 위력을 지닌 무기가 될 것이다. 그대는 이를 잊지 말기를. 또 장례를 치르는 일에서의 예는 슬퍼함이라고 했다. 부모님께서 돌아가신 날을 기억하여 제사를 지내고 슬퍼하는 것은 마음의 그리움 때문이다. 이것을 추모追慕라고 하는데 현대를 살아가는 우리는 부모에 대한 그리움을 얼마나 간직하고 있을까. ……그리움은 따뜻함과 정겨움에 대한 간절함이다. 각설하고, 그대가 경제적 만족을 느낄 수 있는 당부를 한 가지 덧붙이고 싶다. 공자도 위 문장의 말미에서 말했지만, 엉뚱한 일에 시간을 낭비해 때를 놓치지 않도록 하라. 또 힘껏 일해서 얻은 것을 만족할 수 있어야 한다. 순식간에 움켜쥐기를 바란다거나, 상대적 박탈감에 붙들려 있으면 늘 분노하고 있는 사람이 된다. 그렇다면 그대의 지경地境은 더 이상 넓어질 수 없다. 지금 딛고 있는 곳까지 황폐해질 것이다.

2

景行錄云 爲政之要 曰公與淸 成家之道 曰儉與勤
경행록운 위정지요 왈공여청 성가지도 왈검여근

"정치의 요체는 공정과 청렴이다. 집안을 일으키는 길은 아낌과 부지런함에 있다."

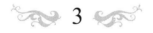

3

讀書起家之本 順理保家之本 勤儉治家之本 和順齊家之本
독서기가지본 순리보가지본 근검치가지본 화순제가지본

"공부하는 것이 집을 일으키는 바탕이다. 거스르지 않는 것이 집을 보존하는 바탕이다. 부지런함과 검소함이 집을 다스리는 바탕이다. 함께 서로 따르는 것이 집 분위기를 따뜻하게 하는 바탕이다."

공부하지 않으면 제대로 사람 노릇을 할 수 없다. 집안을 일으켜 세워놓기도 쉽지 않다. 한 사람에게 있어서 출세란, 세상에서 인정받을 만큼의 재력이나 권력이나 명예를 얻었다는 뜻이다. 이는 다 열심히 학문을 닦고 노력함으로 말미암는다. 출세는 지식의 습득과 함께 여러 경험과 깊은 사색 그리고 좋은 관계성으로부터 비롯된다. 어떤 일이든지 그 역할을 수행하기 위해서는 그것을 감당할만한 기능(talent)이 반드시 필요하다. 그런데 기질이 독특하고 학문의 깊이나 습득한 기능이 남다르면서도 감당하는 역할이 변변찮은 사람을 흔히 볼 수 있다. 까닭이 있다. 리더십을 발휘해야 하는 어떤 자리에, 그 기능이 꼭 필요할지라도, 더 우선되는 것은 성품이기 때문이다. 이들은 공통적으로 관계성에서 약점을 갖고 있다. 자신을 내세우고 싶어 하면서도 상대의 있는 그대로(존재성)를 존중하고 인정할 줄 모르는 편협성을 드러낸다. 또 그 편협성의 시각을 기준으로 판단하기를 잘한다. 때문에, 그들이 제 잘난 줄은 알겠지만, 인간적인 정감이나 신뢰감은 생기지 않는다. 그런 성품에서는 허세와 같잖음이 함께 느껴지기 때문이다. 흉금을 내보이는 소통은 하고 싶지 않다. 관계성에서의 신뢰는, 억지가 없이 순리에 따르는 태도와 마땅치 않은 것도 덮어줄 수 있는 너그러움으로 말미암는다. 마찬가지로 가정을 유지하고 지탱해나감에 있어서도 순리대로 말하고 행하는 일과 부지런하고 아끼는 것이 으뜸이다. 지금은 가정마저 분산되고 소통이 힘들어진 상처 많은 세상이 됐다. 그런 이유에서라도, 혼자만 우뚝하겠다는 리더십보다는 사람에게 성의를 다하며 손잡고 함께 걷도록 화평케 하는 일에 헌신한 사람의 역할이 더 요구된다. 역사는 좋은 영향력을 행사한 사람들 대부분이 화순和順한 가정에서 그것을 보고 배우며 자랐다는 사실을 알려주고 있다. 이를 바탕으로 좋은 영향력 행사가 3대代 이상 이어진다면, 그때부터는 그 집안을 명문가라고 일컫는다. 앞으로 세대가 바뀌고 시간이 가면 갈수록 우리나라에 이런 명문가가 점점 더 많아졌으면 좋겠다. 지금 이 책을 읽는 그대가 젊은이라면 그런 소망을 마음에 하나 가득 품을 수 있기를 시인은 가만히 기원해본다.

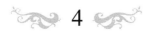

4

孔子三計圖云 一生之計 在於幼 一年之計 在於春 一日之計
在於寅
공자삼계도운 일생지계 재어유 일년지계 재어춘 일일지계 재어인
幼而不學 老無所知 春若不耕 秋無所望 寅若不起 日無所辦
유이불학 노무소지 춘약불경 추무소망 인약불기 일무소판

"일생의 계획은 어릴 때 있고 한 해의 계획은 봄에 있으며 하루의 계획은 새벽에 있다. 어려서 배워놓지 않으면 늙어서도 알지 못한다. 봄에 밭 갈지 않고 가을에 무슨 소망이 있겠는가. 새벽에 일어나지 않으면 그날 하루를 무엇에 힘쓸 것인가."

사람이 평생 걷는 길 위에서 지침指針으로 삼아야 할 공자의 가르침
이다. 후반부에 덧붙인 문장에는, 좋은 계획도 실천의 행함이 따라야
빛을 낼 수 있음을 강조하고 있다. 삼계도란 일생, 일 년, 하루의 세
가지 계획서를 말한다.

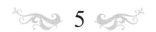

5

性理書云 五敎之目 父子有親 君臣有義 夫婦有別 長幼有序
朋友有信
성리서운 오교지목 부자유친 군신유의 부부유별 장유유서 붕우유신

**"다섯 가지 가르침이 이러하다. 아버지와 아들 사이에는 친밀함이 있어
야 한다. 임금과 신하 사이에는 의리가 있어야 한다. 남편과 아내 사이에
는 구별이 있어야 한다. 어른과 어린이 사이에는 차례가 있어야 한다. 친
구와 친구 사이에는 믿음이 있어야 한다."**

오교五敎란 오륜五倫을 말한다. 삼강三綱과 함께 유교 덕목의 뿌리이며
기둥이다. 배불숭유排佛崇儒 정책을 시행한 조선시대부터는 우리 선조
의 삶 속에서 절대적 도덕률이 됐다.

위 문장의 순서를 눈여겨보자. 보통이 넘는 분별력을 지닌 사람이
라면 충이 효보다 더 앞선 가치라고 인식할 수 있다. 그런데 이런 가
치형성과 관계성을 배우는 부분에서도 부자유친보다 더 실제적인 영
향력을 행사하는 것은 없다. 신약성경에 등장하는 인물 가운데 사도

바울의 비중은 매우 크다. 그러나 사도행전의 초기에는 바나바와 실라와 바울의 순으로 그 이름이 기록됐다. 나중에서야 바울과 실라의 순으로 바뀌었음을 볼 수 있다. 이처럼 기록된 문장의 순서는 그 가치의 비중을 나타내는 경우가 많다. 오교의 가르침을 기록한 성리서의 문장 순서도 이런 뜻을 지니고 있으리라.

한 부모의 아들딸로 태어난 우리는 그 아버지(어머니)와의 관계성이 어떠했나. 부자(모녀)간의 친밀감 혹은 박탈감의 경험은 일생을 걷는 발길에서 편하고 튼튼한 신발이 되기도 하고, 때로 거침돌에 부딪혔을 때는 더 철퍼덕거리게 만드는 거추장스러움이 되기도 한다. 그게 어떻든 이 신발은 벗어 던질 수조차 없다. 그대도 어쩔 수 없이 이런 박탈감을 맛봤을까. 그렇다면 사람아, 이 신발의 헤진 곳은 꿰매고, 끈은 다시 조여 매고, 극복하고, 자신을 위로해주며 치유하도록 하자. 이 벗어 던지지도 못하는 신을 언제까지나 철퍼덕거리며 끌고 다니기만 한다면 스스로가 너무 가엾지 않은가. 극복하고 치유 받아 그런 상태를 벗어나면 그대와 나는 정녕 사람의 의리가 무엇인지에 대해서 알게 될 것이다. 사람의 입장과 처지를 그대로 인정하고 분별할 수 있는 힘도 갖게 될 것이다. 사람과의 관계성에서 차례와 순서도 가릴 수 있을 것이다. 어떤 경우에도 있는 그대로의 나를 내보이고, 있는 그대로의 상대를 받아들일 수 있는 신信을 실천할 수 있을 것이다.

아들이 생애에 첫발을 내딛는 순간부터 아버지는 표상表象(model)이 된다. 이를 잊지 않아야 한다. 우리는 한 아버지의 아들이지만, 동시에 또한 우리 자식들의 아버지일 수밖에 없다는 사실을. 오륜이 강조한 삶의 강령 중에서도 으뜸의 가치는 부자유친이다. 아버지는 아들의 모든 일을 눈감아주고, 아들은 그런 아버지를 기꺼워하며 따르는 것을 말한다.

6

三綱 君爲臣綱 父爲子綱 夫爲婦綱
삼강 군위신강 부위자강 부위부강

"삼강은, 임금은 신하의 벼리(버텨주는 줄, 모범)이며 아버지는 아들의 벼리이며 남편은 아내의 벼리임을 말한다."

　사람이 사람으로서의 가치에 설득력을 가지려면 자기의 위치에서 모범을 보여야 한다. 이것이 삼강의 가르침이다. 특히 강조하는 것은 리더십을 발휘하는 자가 반드시 내보여야 하는 모범이다. 지금은 정치도 가정도 흔들리는 세상인가. 그렇더라도 정치에 대해서 언급하기는 싫다. 수치와 염치조차 잃어버린 그들의 행태가 이제는 지겨우니까. 다만 시인은 아버지가 상실된 세상을 근심할 뿐이다. 일에 바쁜 아버지들은 자식들에게 모범을 보여줄 기회조차 갖지 못하는 경우가 많다. 사소하게 여길 수도 있는 제안을 하나 한다면 이렇다. 음주의 시간을 줄여서라도 틈틈이 아이들의 눈을 들여다 봐 주라고. 눈이 마주칠 때마다 난 너를 믿어, 앞으로의 너를 꿈꾸면 들떠, 이렇게 말해 주라고. 그렇게 하다 보면 그들은 반드시 믿음직하면서도 아버지를 들뜨게 만드는 자식이 될 것이다. 마찬가지로 남편이 굳건하지 않으

면 아내가 흔들린다. 굳건한 남편이란, 가정을 지키기 위한 원칙에 충
실하면서도 아내 대하는 태도가 넉넉하고, 너그럽고 또 세심하게 붙
들어주는 사내를 말한다.

7

王蠋曰 忠臣 不事二君 烈女 不更二夫
왕촉왈 충신 불사이군 열녀 불경이부

"충신은 두 임금을 섬기지 않는다. 열녀는 지아비를 바꾸지 않는다."

전국시대 때 제齊나라 사람 왕촉이 연燕나라와의 싸움에서 패했다.
투항을 권고 받았으나 위의 말을 남기고 끝내 자결했다. 자신의 소신
과 투철한 신념을 강조할 때 너무도 흔하게 인용되는 문장이다.

8

忠子曰 治官 莫若平 臨財 莫若廉
충자왈 치관 막약평 임재 막약렴

"다스리는 일에서는 공평하고 재물 앞에서는 깨끗해라."

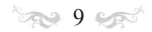

9

張思叔座右銘曰 凡語必忠信 凡行必篤敬 飮食必愼節 字劃必
楷正

장사숙좌우명왈 범어필충신 범행필독경 음식필신절 자획필해정

容貌必端莊 衣冠必整肅 步履必安詳 居處必正靜 作事必謀始 出
言必顧行

용모필단장 의관필정숙 보리필안상 거처필정정 작사필모시 출언
필고행

常德必固持 然諾必重應 見善如己出 見惡如己病 凡此十四者

상덕필고지 연낙필중응 견선여기출 견악여기병 범차십사자

書此當左右 朝夕視爲警

서차당좌우 조석시위경

"말은 반드시 충직하고 믿음직스럽게 한다. 무릇 행실은 도탑고 정중하게 한다. 음식은 반드시 삼가고 절제한다. 글씨는 본보기의 올바름을 따라서 쓴다. 용모는 단정하게 꾸민다. 옷은 정돈되고 가지런하게 입는다. 걸음걸이는 침착하고 조용하게 한다. 거처는 반듯하고 조용하게 한다. 일은 반드시 계획을 세워서 시작한다. 말할 때는 그 일을 실행할 수 있는지 반드시 헤아려 본다. 평상시에도 덕을 굳게 세운다. 어떤 일을 허락하는 것에 대해서 절대 가볍게 여기지 않는다. 남의 좋은 일은 내 일처럼 즐거워한다. 남의 궂은일은 내가 병든 것처럼 괴로워한다. 이 열네 가지 조목을 써서 좌우에 붙여놓고 아침저녁으로 들여다보며 경계하노라."

장사숙은 북송 때의 성리학자이다. 그가 남긴 위 좌우명은 사람의 마음가짐과 생활태도가 어떠해야 하는지를 말하고 있다. 특히 남의 굳은일을 자신이 병든 것처럼 괴로워하라는 말에 뭉클해진다. 이웃에 대한 성의와 배려의 흔적을 쓰다듬어볼 수 있기 때문이다.

10

范益謙座右銘曰 一不言朝廷利害邊報差除 二不言州縣官員長短得失

범익겸좌우명왈 일불언조정이해변보차제 이불언주현관원장단득실

三不言衆人所作過惡之事 四不言仕進官職趨時附勢 五不言財利

삼불언중인소작과악지사 사불언사진관직추시부세 오불언재리

多少厭貧求富 六不言淫媒戲慢評論女色 七不言求覓人物干索酒食

다소염빈구부 육불언음설희만평론여색 칠불언구멱인물간색주식

又人付書信 不可開坼沈滯 與人幷坐 不可窺人私書 凡入人家不可看人文字

우인부서신 불가개탁침체 여인병좌 불가규인사서 범입인가 불가간인문자

凡借人物 不可損壞不還 凡喫飮食 不可揀擇去取 與人同處

범차인물 불가손괴불환 범끽음식 불가간택거취 여인동처

不可自擇便利 凡人富貴 不可歎羨抵毀 凡此數事 有犯之者足以見用

불가자택편리 범인부귀 불가탄선저훼 범차수사 유범지자 족이견용
心之不正 於正心修身 大有所害 因書以自警
심지부정 어정심수신 대유소해 인서이자경

"첫째로 조정의 이해와 변방의 보고와 관원의 인사이동에 대해서 말하지 않는다. 둘째로 고을을 다스리는 관원의 장단점과 그 이해득실을 말하지 않는다. 셋째로 여러 사람이 저지른 잘못에 대해서 말하지 않는다. 넷째로 어떤 사람이 관직에 나가게 된 내막과 시속과 권세에 아부한 것을 말하지 않는다. 다섯째로 재물로 얻는 이익의 많고 적음, 가난을 싫어하고 부자가 되고픈 생각을 말로 내뱉지 않는다. 여섯째로 음탕, 희롱 방자하게 여색을 탐하는 말 따위를 입 밖에 끄집어내지 않는다. 일곱째로 남의 물건을 탐내며 술과 음식을 얻어먹으려 하는 생각을 입 밖에 내지 않는다. 남이 부탁한 편지를 뜯어보거나 지체시키지 않는다. 남과 같이 있을 때, 그의 사적인 글을 엿보지 않는다. 남의 집에 들어갔을 때, 그가 쓴 글을 몰래 읽지 않는다. 남의 물건을 빌렸을 때, 망가뜨리거나 돌려주지 않는 일은 하지 않는다. 음식을 가리거나 골라서 먹지 않는다. 남과 함께 있을 때는 자기의 편리함만을 택하지 않는다. 남의 부귀를 부러워하거나 헐뜯지 않는다. 이러한 사항을 지킬 수 없음은 마음가짐이 옳지 않기 때문이다. 몸과 마음을 바르게 닦는 데 해가 될 것이므로 이를 써서 스스로의 경계로 삼노라."

　말은 형체가 없다. 그러나 그 발성된 에너지는 사람을 죽이고 살리는 힘이 있다.

　범익겸은 송나라 고종 때의 학자다. 그는 위 문장에서 불언不言(입 밖에 내지 않음), 불가不可(하지 않음, 마땅하게 여기지 않음)의 단어로 언어의 신중한 사용법을 계속 강조한다. 전반부는 관직에 있는 사람이 지켜야 할 사항이고 후반부는 일반인의 도리에 대한 언급이다. 몸

과 마음을 바르게 닦는 길은 언어의 조심과 상대의 존재성에 대한 존중에 있음을 말하고 있다.

11

武王問太公曰 人居世上 何得貴賤貧富不等 願聞說之 欲知是矣
무왕문태공왈 인거세상 하득귀천빈부불등 원문설지 욕지시의
太公曰 富貴如聖人之德 皆有天命 富者用之有節 不富者家有
十盜
태공왈 부귀여성인지덕 개유천명 부자용지유절 불부자가유십도

무왕이 태공에게 물었다.

"같은 세상에 사는데 어찌 사람의 귀천빈부가 고르지 않습니까?
원컨대 가르침을 받아 이 까닭을 알고자 합니다."

태공이 대답했다.

"부귀는 성인의 덕과 같은 것입니다. 하늘의 뜻에 의해 이루어집니다. 씀씀이를 아끼면 부자가 될 수 있으나 그렇지 못한 집안에는 열가지 도둑이 있기 때문입니다."

12

武王曰 何謂十盜 太公曰 時熟不收爲一盜 收積不了爲二盜
無事燃燈寢睡爲三盜

무왕왈 하위십도 태공왈 시숙불수위일도 수적불료위이도 무사연
등침수위삼도

慵懶不耕爲四盜 不施功力爲五盜 專行巧害爲六盜

용라불경위사도 불시공력위오도 전행교해위육도

養女太多爲七盜 晝眠懶起爲八盜 貪酒嗜慾爲九盜 强行嫉妬
爲十盜

양녀태다위칠도 주면라기위팔도 탐주기욕위구도 강행질투위십도

무왕이 다시 물었다.

"열 가지 도둑이 무엇인지 생각할 수 있게 해주십시오."

태공이 또 대답했다.

"익은 곡식을 제때 거둬들이지 않음이 첫째 도둑이요, 거둬들였으
나 창고에 쌓지 않음이 둘째 도둑입니다. 쓸데없는 등불을 켜놓고 잠
자는 것이 셋째 도둑이요, 게을러 밭 갈지 않음이 넷째 도둑이요, 이
를 위하여 힘을 쓰지 않는 것이 다섯째 도둑입니다. 하는 일이라고는
교묘히 해로운 짓만 하는 것이 여섯째 도둑이요, 딸을 너무 많이 기
르는 것이 일곱째 도둑이요, 낮잠을 자고 아침에 일어나기를 게을리
하는 것이 여덟째 도둑이요, 술을 탐하고 환락에 욕심내는 것이 아홉
째 도둑입니다. 심하게 남을 질투하는 것은 열 번째 도둑입니다."

13

武王曰 家無十盜而不富者如何 太公曰 人家必有三耗 武王曰
何名三耗

무왕왈 가무십도이불부자여하 태공왈 인가필유삼모 무왕왈 하명
삼모

太公曰 倉庫漏濫不蓋 鼠雀亂食爲一耗 收種失時爲二耗 抛撒
米穀穢淺爲三耗

태공왈 창고누람불개 서작난식위일모 수종실기위이모 포살미곡예천
위삼모

"집에 열 가지 도둑이 없는데도 부유하지 않음은 어떤 까닭입니까?"

"그런 집에는 반드시 삼모, 즉 세 가지 손실이 있기 때문입니다."

"그 세 가지 손실의 모양새는 어떠한지요?"

"창고가 부서져 비가 새는 데도 수리하지 않으면 쥐와 참새가 곡식
을 어지러이 먹어치웁니다. 이것을 그대로 내버려두는 것이 첫째 손
실입니다. 거두고 뿌릴 때를 놓치는 것은 둘째 손실이요, 곡식을 바닥
에 흩뜨려 천하고 하찮게 만들어버리는 것이 셋째 손실입니다."

14

武王曰 家無三耗而不富者如何 太公曰 人家必有 一錯 二誤
三癡
무왕왈 가무삼모이불부자여하 태공왈 인가필유 일착 이오 삼치

四失 五逆 六不祥 七奴 八踐 九愚 十强 自招其禍 非天降殃
사실 오역 육불상 칠노 팔천 구우 십강 자초기화 비천강앙

"집안에 세 가지 손실이 없음에도 부자가 되지 못하는 까닭이 또
있습니까?"

"그런 사람의 집에는 반드시 열 가지 잘못이 있습니다. 일을 어지
럽게 만들어 그르치기 때문에, 일을 어긋나게 하기 때문에, 어리석기
때문에, 실수하기 때문에, 사람의 도리를 거역하기 때문에, 상서롭지
않은 일 때문에, 종노릇하기 때문에, 천하게 굴기 때문에, 미련하기
때문에 그리고 너무 뻔뻔스러워서 스스로 화를 부릅니다. 결코 하늘
이 내린 재앙 때문에 그런 것이 아닙니다."

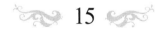

15

武王曰 願悉聞之 太公曰 養男不教訓爲一錯 嬰孩不訓爲二誤
初迎新婦不行嚴訓爲三癡
무왕왈 원실문지 태공왈 양남불교훈위일착 영해불훈위이오 초영
신부불행엄훈위삼치

未語先笑爲四失 不養父母爲五逆 夜起赤身 爲六不祥

미어선소위사실 불양부모위오역 야기적신 위육불상

好挽他弓爲七奴 愛騎他馬爲八賤 喫他酒勸他人爲九愚

호만타궁위칠노 애기타마위팔천 끽타주권타인위구우

喫他飯命朋友爲十強 武王曰 甚美誠哉是言也

끽타반명붕우위십강 무왕왈 심미성재시언야

"그 내용을 자세히 설명해주십시오."

"아들을 낳아 기르면서 가르치지 않음이 첫 번째의 그르침입니다. 어린이를 훈계하지 않음은 두 번째의 어긋남입니다. 신부를 처음 맞이하여 그 행할 일과 행하지 않을 일을 엄하게 가르치지 않음이 세 번째의 어리석음입니다. 말하기 전에 먼저 웃는 것은 네 번째 실수입니다. 부모를 봉양하지 않음은 사람의 도리가 아니니 이는 다섯 번째의 거역입니다. 알몸으로 밤에 일어나는 것은 여섯 번째의 상서롭지 않음입니다. 남의 활을 당기기 좋아하는 것은 일곱 번째의 종처럼 구는 것입니다. 남의 말을 타기 좋아하는 것은 여덟 번째의 천한 짓입니다. 남의 술을 얻어 마시는 주제에 또 다른 이에게 권하는 것은 아홉 번째의 어리석음입니다. 남의 밥을 얻어먹으면서 친구에게까지 주는 것은 열 번째의 뻔뻔스러움입니다."

이 설명을 다 들은 무왕의 대답이 이러했다.

"정녕 아름답고 성의 있는 가르침의 말씀입니다."

무왕은 주周 문왕文王의 아들이다. 문왕의 절대적 협력자였던 강태공을 왕사王師로 받들며 늘 그의 가르침을 청했다. 위 문장에서도 서로에 대한 존중과 각별한 성의가 나타난다. 태공이 무왕에게 설명한 내용에는 사람에 대한 기대와 배려가 담겨 있다.

흔히 말한다. 큰 부자는 하늘이 만들고 보통 부자는 부지런함이 만든다고. 가만히 생각해보니 맞는 말이다. 몸과 마음가짐을 반듯하게 하고 일을 행했을 때, 그 수고와 노력을 훨씬 상회하는 결실을 얻을 경우가 있기 때문이다. 그런데 아무리 성심껏 노력해도 사소한 판단 잘못으로 방향설정이 어긋났을 경우 모든 결실을 허공에 날려버리는 경우도 많다. 이 부분에 대한 원인을 태공은 십도, 삼모, 열 가지 흠에서 찾는다. 이를 자신이 섬기는 군주 무왕에게 자세히 설명해서 가르친다. 여기에는 백성을 잘살게 하고 싶다는 간절함이 있다. 또 이를 실행시키는 역할을 맡은 사람은 무왕이다. 그의 다스림이 도리에 맞는 아름다움이 되도록 만들고 싶다는 성의가 가득하다. 그리고 스승의 이런 간절함을 받아들이는 무왕은 진정으로 열린 마음을 지닌 사람이었을까. 거기에 반응하는 그 답변조차 아름다웠다.

第十四篇 올바른 정치, 소통과 모범(治政篇)

우리가 흔히 인식하고 있는 것처럼, 이 단원에 수록된 내용도 다 그렇게 말하고 있다. 정政은 정正이라고.

정치는 중요하다. 일상이 됐기 때문이다. 삶의 형식에 매우 많은 영향을 끼치고 있다는 의미이기도 하다. 개인과 개인, 가정과 가정, 공동체와 공동체, 국가와 국가의 관계성에서 만들어지는 모든 행위도 정치의 범위를 벗어날 수 없다. 그렇다면 정치란 무엇일까. 그리고 오늘날 모든 정치행위의 당사자들은 정치행위의 대상들에게 선한 결실을 위한 아름다운 모범을 보이고 있을까. 민주주의의 중심은 국민이다. 정치행위자들을 지켜보며 그들을 심판할 주권을 확보하고 있다. 저들은 이 사실을 정녕 실감하고는 있을까.

정치가 무엇이냐는 질문에 공자는 정正이라고 했다. 바로잡음이라는 뜻이다. 이익보다는 올바름을 추구하는 자세를 말한다. 무엇을 바로잡을 것인가에 대해서는 '이름'을 바로잡겠다고 했다. 그것이 정명론正名論이다. 임금은 임금 노릇을 다하고 신하는 신하 노릇을 다하며, 아버지는 아버지 노릇을 다하고 자식은 자식 노릇을 다한다는 것. 이처럼 정치의 요체要諦는 사람을 사람답게 살도록 만드는 일이다. 때문에 정치행위자들에게는 다음과 같은 사항이 반드시 요구된다. 염치는 무엇이며 수치가 무엇인지 모르는 무분별에서 깨어날 것. 이러한 엄격한 각성에 소홀하지 않을 것. 이 치정治政 편에 그 길에 들어서는 방안이 제시되어 있다.

明道先生曰 一命之士 苟有存心於愛物 於人必有所濟
명도선생왈 일명지사 구유존심어애물 어인필유소제

"첫 임명을 받은 관리라도 그 맡은 직책과 재물을 알뜰하게 대한다면 다른 이들을 잘 도울 수 있을 것이다."

　명도선생은 북송 때의 대유학자이다. 성은 정程, 이름은 호顥, 자는 백순伯淳이다. 도에 밝다하여 명도선생이라는 호칭을 얻었다. 주돈이(염계선생)의 가르침을 받았는데, 그가 기틀을 세운 학문이 주자朱子에 이르러 대성하였기에 성리학을 정주학程朱學이라고도 일컫는다.

　맹자나 정주학에서 말하는 인仁은 불쌍히 여기는 마음이다. 사물과 대상을 무례히 대하지 않는 힘이기도 하다. 위 문장의 존심애물存心愛物에도 그런 의미를 담고 있다.

唐太宗御製云 上有麾之 中有乘之 下有附之 幣帛衣之 倉廩食之
당태종어제운 상유휘지 중유승지 하유부지 폐백의지 창름식지
爾俸爾祿 民膏民脂 下民易虐 上蒼難欺
이봉이록 민고민지 하민역학 상창난기

"위에서는 지휘하고 중간에서는 다스리고 아래에서는 따르는구나. 아래로부터의 예물로 옷 지어 입고 창고의 곡식으로 밥 지어 먹으나 너희의 봉록은 다 백성의 기름을 짜낸 것이라. 따르는 백성을 학대하기는 쉬울지라도 어찌 위의 하늘까지 속일 수 있겠느냐."

예나 지금이나 관리는 군림하려는 속성이 있다. 이는 본말전도本末顚倒의 현상이다. 관리의 또 다른 명칭은 공복公僕인데, 이것이 직무의 핵심이다. 백성 위에 군림하는 존재가 아니라 섬기는 종이라는 뜻. 당唐태종은 벼슬아치들에게 이 부분을 엄격히 경고하고 있다. 우리나라 역사에서 성군을 꼽는다면 조선왕조 500년의 기틀을 세운 세종대왕께서 계시다. 당나라에는 그 나라 290년의 기틀을 세운 태종 이세민이 있다. 이들의 공통점은 위민애락爲民哀樂이었다. 백성과 함께 슬퍼하고 함께 즐거워했다.

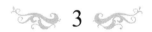

3

童蒙訓曰 當官之法 唯有三事 曰淸曰愼曰勤 知此三者 知所以持身矣
동몽훈왈 당관지법 유유삼사 왈청왈신왈근 지차삼자 지소이지신의

"관리로서 마땅히 지켜야할 법도 세 가지가 있다. 청렴함과 신중함과 부지런함이다. 이 세 가지를 알면 자신의 자리를 잘 지킬 수 있을 것이다."

『동몽훈童蒙訓』은 송나라 때의 학자 여본중呂本中이 어린이들을 가르치기 위해서 지은 책이다. 성실근면誠實勤勉을 습관화하라는 내용이 반복된다. 위 문장의 머리와 꼬리에 당관지법當官之法과 지소이지신의知所以持身矣라는 말이 사용됐다. '관리로서 마땅히 지켜야 할 법도'와 '어떻게 처신할 바를 알 것'이라는 뜻인데, 책에서 강조하는 맥락과 같다.

국가경영에 있어서 관리의 역할은 사람 몸에서의 등뼈와 감각기관이다. 외부의 이권 관련에 관한 어떤 유혹에도 꼿꼿하게 흔들리지 않으며, 정녕 국민이 원하고 국민을 위하는 일이 무엇인지 정확히 감각하고 올바르게 반응할 수 있어야 하기 때문이다. 이런 부분에 흐트러짐이 없기 위해서는 일을 깨끗하고 신중하게 처리하겠다는 마음가짐과 몸의 부지런함이 요구된다.

4

當官者 必以暴怒爲戒 事有不可 當詳處之 必無不中 若先暴
怒 只能自害 豈能害人
당관자 필이폭노위계 사유불가 당상처지 필무부중 약선폭노 지능
자해 기능해인

"관직에 있는 자가 심하게 화내는 일은 마땅치 않음이라. 자기 위치를
잘 가늠해 처리하면 될 것을 먼저 화부터 터뜨리는가. 이는 스스로를 해
칠 뿐이다. 어찌 남을 해칠 수 있으리오."

5

事君如事親 事長官如事兄 與同僚如家人 待群吏如奴僕 愛百姓
如妻子

사군여사친 사장관여사형 여동료여가인 대군리여노복 애백성여처자

處官事如家事然後 能盡吾之心 如有毫末不至 皆吾心有所未
盡也

처관사여가사연후 능진오지심 여유호말부지 개오심유소미진야

**"임금을 어버이처럼 섬기고, 상관을 형님처럼 섬기고, 동료를 집안 식구
처럼 대하고, 낮은 직급의 사람일지라도 믿는 노복처럼 대하고, 백성을
처자식처럼 사랑하고, 나랏일 처리를 내 집안일처럼 했을 때에야 비로소
마음을 다했다고 말할 수 있을 것이다. 만약 털끝만큼이라도 닿지 못한
것이 있다면, 이는 내 마음을 다하지 못한 것이기 때문이다."**

　문장의 마지막 표현이 강렬하다. 사람을 대하는 성의와 섬기는 일
의 바탕은 인지상정人之常情인데, 이 부분에 있어서 글쓴이의 태도는 스
스로에게 매우 엄격하다.

　사실 충忠은 명분을 따르는 것이며 효孝는 인지상정의 절대 조건이
된다. 둘 다 마음을 다해야 제대로 행할 수 있다. 어떤 비뚤어진 의식
을 가진 자들은 간혹 명분을 앞세워 인정의 사소한 조건은 무시하고
싶어 한다. 그러나 사람 살아가는 일은 어우러짐이다. 인仁을 바탕으
로 한다. 그 어찌하지 못하는 부분을 불쌍히 여기고 그대로 인정해주
는 것. 상대의 모자람을 할 수 있는 범위 안에서 성의껏 채워주는 일.
이것은 마치 합창과 같다. 그런데 인지상정에서의 성의가 어떤 것인

지 이해를 못하는 그런 자들이 있다. 이런 사람이 영향력을 행사하는 자리에 앉아 있다면 그 세계는 어찌 될까. 자기 명분을 절대화하겠다는 냄새(독창만이 전부라는)가 가득해져서 결국은 독선의 괴성으로 오염되겠지. 오염된 땅은 황무지만도 못한 절망의 땅이다. 겉은 화려하게 반짝거리고 반질거릴 수 있겠지만 그러나 어떤 어우러짐도 뿌리내릴 수 없다. 합창의 아름다움은 내 소리만 '내지르는' 게 아니라 다른 성부聲部(partner)의 소리에 귀를 열고 거기 어우러지는 소리를 '함께(partner-ship)' 발성하는 것에 있다. 그런데 지금 이 세상의 세계에는 아직도 귀를 막고 듣지 않는, 다른 파트너의 입모양은 보지 않으려 아예 눈감고 있는, 그렇게 마음의 영토가 오염된 사람들이 여전히 소리를 내지르고 있는가. 정말 그러한가.

6

或問 簿佐令者也 簿所欲爲 令或不從 奈何 伊川先生曰 當以誠
意動之
혹문 부좌령자야 부소욕위 영혹부종 내하 이천선생왈 당이성의동지
今令與簿不和 便是爭私意 令是邑之長 若能以事父兄之道
금령여부불화 변시쟁사의 영시읍지장 약능이사부형지도
事之過則歸己 善則唯恐不歸於令 積此誠意 豈有不動得人
사지과즉귀기 선즉유공불귀어령 적차성의 기유부동득인

어떤 사람이 물었다.

"주부는 수령을 보좌하는 사람입니다. 그가 하고자 하는 바를 수령이 듣지 않으면 어찌합니까."

이천선생이 대답했다.

"마땅히 정성을 다하는 마음으로 움직여야 한다. 수령과 주부가 화목하지 않음은 서로 사사로운 생각을 앞세우기 때문이다. 수령은 고을의 최고 어른이다. 아버지와 형님을 섬기는 도리로 섬겨라. 수령의 잘못은 자신에게로 돌리고, 그의 아름다움이 제대로 알려지지 않으면 어찌할까 두려워하라. 이 같은 성의가 쌓여지면 어찌 사람을 움직이지 못하겠는가."

이천선생은 명도선생 정호의 아우다. 이름은 이頤. 형과 함께 이정자二程子로 불린다. 북송의 대유학자로서 성리학을 일으키는 공이 컸다. 어떤 사람의 관직 수행에 관한 질문에 상관을 섬기는 성의는 아버지와 형님을 섬기는 도리와 같은 것이라고 말했다.

7

劉安禮 問臨民 明道先生曰 使民各得輸其情 問御吏曰 正己以格物
유안례 문임민 명도선생왈 사민각득수기정 문어리왈 정기이격물

유안례가 백성을 대하는 자세에 대해 물었다.

명도선생이 대답했다.

"백성이 각자 자신의 사정을 알릴 수 있도록 해주어라."

다시 관리를 다루는 법을 물었다.

대답이 이러했다.

"자신을 바르게 함으로써 남도 바르게 하라."

유안례는 지금의 말로 표현하면 활자중독자다. 북송 때의 사람이
다. 한고조漢高祖의 자손이며, 안 읽은 책이 없을 정도로 다독多讀했다고
알려져 있다. 백성을 대하는 태도와 상관이 부하를 다스리는 방법에
대한 그의 질문에 명도선생의 답변은 군더더기가 없다. 소통과 모범이
다스림의 기본이라는 것. 시인은 문득 『맹자』에서 읽었던 일정군이국
정—正君而國定(임금이 바르면 나라가 안정된다)이라는 말이 생각났다.

8

抱朴子曰 迎斧鉞而正諫 據鼎鑊而盡言 此謂忠臣也
포박자왈 영부월이정간 거정확이진언 차위충신야

"도끼에 찍힐지언정 바르게 간할 것이다. 가마솥에 삶아질지라도 할 말
은 다 할 것이다. 이렇게 하고 나서야 충신이라고 할 수 있을 것이다."

第十五篇 명문가를 꿈꾸며 (治家篇)

사회에서 가장 최소단위의 공동체가 가정이다. 건강한 사회를 만들기 위해서는 이 공동체가 튼튼해야 하는데 여기에는 최소조건이 있다. 부모에 대한 공경, 부부간의 사랑, 자녀에 대한 북돋음이다. 자식으로서의 그대는 혹시 부모로부터 충족되지 못한 부분이 있었을까. 그렇더라도 부모의 그 어찌할 수 없었던 세월에 대한 애처로움은 버릴 수 없겠지. 부모공경은 그런 마음가짐에서부터 시작한다. 이를 인정하기 싫거나 인식조차 하지 않는 사람을 고전古典에서는 금수禽獸와 같다고 표현한다. 또 부부는 가정의 중심이다. 밀착된 관계성이 요구된다. 가장 사랑을 주고받아야 하는 대상은 부부일 수밖에 없기 때문이다. 그리고 자녀를 양육하는 일에 있어서 매우 중요한 일이 있다. 자녀들이 커다란 꿈을 품고, 아름다운 말을 하고, 선한 행동을 습관화하도록 자꾸 북돋워주는 일. 그렇게 해서 자녀들이 맺는 좋은 열매는 모두 부모의 보람과 자랑과 긍지가 된다.

지금은 외형적 성취의 욕구가 아주 강해진 세상이다. 권력의 이합집산이나 이해표출의 방식도 다양해졌다. 어떤 이들은 젊은이들의 개인주의, 이기심에 대해서 못마땅해 한다. 그때마다 시인은, 말하는 자기들이 젊을 때는 개인주의가 없었나? 남들보다 앞섰다고 자랑하기 위해서 주변은 아랑곳하지 않던 이기심은 없었나? 이렇게 일축한다. 그래도 그들의 말 중에서 공감하는 부분이 있다. 걱정되기도 한다. 우리 젊은이들이 서른쯤의 결혼이 너무 이르다거나 혹은 굳이 결혼할 필요가 있겠느냐는 생각에 대해서. 이렇게 말해주고 싶다. 젊은이들이여, 그대들이 혼자 살겠다거나 결혼을 점점 늦추게 되면 삶의 긍지도 점점 움츠러들게 될 것이라고. 혼자서기는 힘들기 때문이다. 가정을 만들면 서로 기대고, 함께 일어설 수 있다. 북돋고 같은 편이 돼주는 힘을 공급받는다. 그래서 가정은 소중하다. 또 이 소중한 것을 지키기 위해서는 피하고 싶을 만큼의 노력과 애씀이 요구된다. 그러나 우리는 이 노력과 애씀의 모범을 다음 세대에 전해야 한다. 인간으로서 최우선의 의무는 이것이다. 이 치가治家 편의 내용들이 정녕 아름답고 환한 가정을 만드는 지침이 될 수 있기를 바란다.

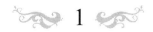

1

司馬溫公曰　凡諸卑幼　事無大小　毋得專行　必咨稟於家長
사마온공왈　범제비유　사무대소　무득전행　필자품어가장

**"손아랫사람들은 일의 크고 작음을 떠나서 마음대로 행동하면 안 된다.
반드시 집안 어른께 여쭤보고 난 후에 행할 일이다."**

　손윗사람이 존중을 받는 것은 그 쌓은 경륜 때문이다. 사마온 공이 권한 말에도 이런 뜻이 담겨 있다. 이 글이 낯설다면 그대는 독자적으로 행동하는 것을 당연히 여기는 세대여서 그럴지도 모른다. 자기 주체성 혹은 독립성에 대한 생각과 행동습관에 익숙할 것이다. 또한 자기 행위에 대한 책임감도 분명히 지니고 있으리라고 믿는다. 그래도 잊지 않아야 할 일이 있다. 세상이 질서로 움직인다는 사실에 대해서. 가정도 마찬가지다. 그런데 집안 어른이 이를 빙자해서 수직적 질서만을 요구한다면 어떻게 될까. 소통에 어려움이 생긴다. 일방적 소통은 아름답지 않다. 납득의 공감과 어우러짐의 울림이 없기 때문이다. 가정에서의 아름다운 질서란, 어른의 언행에 대한 아랫사람의 존중과 아랫사람에 대한 윗사람의 배려와 아량이 풍성할 때 만들어진다.

2

待客 不得不豊 治家 不得不儉
대객 부득불풍 치가 부득불검

"손님 접대는 넉넉하게 하라. 집안 살림은 검소하게 하라."

손님접대는 마지못해서 할 것이 아니다. 넉넉하고 풍성하게 해야
한다. 그럴듯한 외형적 접대가 아니라 성의와 정성을 다하는 것을 말
한다. 이는 내가 손님으로 갔을 때 소홀히 대접받지 않기 위해서이기
도 하다. 또 검소한 생활과 저축의 습관을 만들면, 경제적으로 곤란해
졌을 경우를 대비할 수 있다. 난처한 상황 앞에서 전전긍긍하지 않게
된다는 뜻이다.

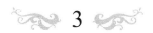

3

太公曰 痴人畏婦 賢女敬夫
태공왈 치인외부 현녀경부

"어리석은 자는 아내를 두려워한다. 어진 여자는 남편을 세워준다."

남녀는 평등하다. 다만 공동체의 역할에서 감당하는 기능의 차이
가 있을 뿐이다. 위 내용에서 치인痴人은 공처가를 말한다. 일반적으로

쓰는 다른 표현의 속된 말로는 미친놈이라는 뜻인데 묘한 야유가 함축되어 있다. 또 외부眞婦는 자기주장이 강하고 드센 아내를 표현한 말이다. 절대 건드릴 수 없는, 고집불통이라는 뜻도 포함하고 있다. 이런 가정에서는 남편의 견해가 영향력을 발휘하는 경우가 많지 않을 것이다. 질서도 무너져 있을 테고 그러나 현명한 아내는 남편을 앞세운다. 자신의 의사는 사랑스런 태도로 남편을 설득해서 관철한다. 태공은 당시의 시대상황 속에서 어떤 상태를 살펴보며 저런 글을 남겼을까.

4

凡使奴僕 先念飢寒
범사노복 선념기한

"무릇 종을 부릴 때는 먼저 그들의 춥고 배고픔을 생각해야 할지니."

사람을 부릴 수 있는 신분과 월등한 역량을 지녔다면 절대 잊지 말아야 할 인지상정에 대한 권면이다. 이때 내보여야 할 모범은 무엇일까. 배려와 함께 그 언행심사를 삼가는 것이다. 연약한 존재들 심리의 바닥에는 열등의식과 강박관념이 있을 수 있다. 사소한 일에도 쉽게 다친다. 저항의 수단이라는 명분으로 분노의 무분별에 쉽게 함몰되기도 한다. 생각하는 사람이라면 당연히 이를 헤아려봐야 하지 않겠는가.

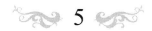

5

子孝雙親樂 家和萬事成
자효쌍친락 가화만사성

"자식의 효도로 어버이는 즐겁다. 집안이 화목하면 모든 일이 이루어진다."

무슨 말을 덧붙일 필요가 있을까. 가화만사성이란 말을 우리는 너무 많이 하고, 듣고 있는데. 그러나 문장의 순서를 한번 살펴보자. 먼저 요구되는 것이 있다. 자식의 효도다. 자식이 효도하면 부모는 기쁠 수밖에 없다. 지금은 소통이 힘든 시대이다. 그렇다면 오늘날의 효도는 어떤 의미일까. 그것은 부모의 말과 생각과 입장을 열린 마음으로 대하는 것이다. 열린 마음이란 자기 시각의 범위 안에 상황을 가둬두는 것이 아니다. 이 시각의 범위를 넘어서면 '있는 모습 그대로'의 대상에게 다가설 수 있다.

6

時時防火發 夜夜備賊來
시시방화발 야야비적래

"늘 불조심. 밤에는 도둑 조심."

불은 시시때때로 일어난다. 늘 조심할 수밖에 없다. 산야山野나 시설물 등에 발생하는 불도 무섭지만, 분노와 정념 같은 마음의 불은 오히려 더 무섭다. 한번 붙으면 끝까지 치닫기 때문이다. 마찬가지로 도둑을 조심해야 한다. 물건보다 마음을 훔치는 도둑을 더 조심하자. 사실 한 사람의 마음을 훔치고, 훔치게 만드는 것은 당사자들끼리의 정념일 뿐이다. 그러나 세상을 미혹시키는 사이비 종교와 학설은 수많은 사람의 마음을 훔쳐 혼란에 빠뜨려버린다. 아무것도 할 수 없게 만든다. 질질 끌고 다닌다. 그러므로 우리는 삶의 길을 제대로 걷고 있는지, 어디를 내딛고 있는지 늘 살필 수 있어야 한다.

7

景行錄云 觀朝夕之早晏 可以卜人家之興替
경행록운 관조석지조안 가이복인가지흥체

"아침저녁의 이르고 늦음을 보면 그 집이 흥할지 망할지 점칠 수 있다."

일을 대하는 태도가 얼마나 근면하고 성실한가. 모든 흥망의 결과가 여기에 달려 있다는 경행록의 경고다.

8

文仲子曰 婚娶而論財 夷虜之道也
문중자왈 혼취이론재 이로지도야

**"결혼을 앞두고 상대 집안의 재물을 논하는가.
이는 오랑캐의 방식인 것을."**

문중자는 수隋나라 끝 무렵의 학자 왕통王通을 말한다. 명분과 도리
를 중요시한 사람으로 알려져 있다. 나라의 위기를 극복할 자신의 진
언이 위에 받아들여지지 않자 서슴없이 벼슬에서 물러나 다만 후진
양성에만 힘썼다. 윗글에도 그의 명분과 도리가 나타나 있다. 지금은
말할 것도 없지만 예전에도 성혼에는 경제의 비중이 컸나 보다. 결
혼은 당사자의 문제뿐만 아니라 양쪽 집안의 결합이기에 외형적인
부분을 무시할 수 없기 때문이다. 그러나 문중자는 말한다. 그것에 너
무 매달리는 것은 오랑캐의 방식이라고. 그는 물질적 행복추구보다
삶의 가치에서 아름다움을 추구하는 사람이었을까. 그렇다면 외형적
인 조건보다 한 사람이 지닌 성품의 무게에 더 기대를 걸었던 인물이
분명하다. 훗날 백성들의 슬픔과 기쁨을 함께하겠다는 뜻(위민애락爲
民哀樂)을 지닌 이세민李世民(당唐 태종)을 도운 사실에서도 알 수 있다.

第十六篇 내 뼈와 살이 함께하는 즐거움(安義篇)

안의安義 편에서는 먼저 사람이 있고서야 부부가 있으며, 그다음에야 부자가 있고, 이렇게 부자가 있고서야 형제가 있으니 이것이 삼친三親이라고 일러준다. 모든 친인척 관계는 바로 이 삼친에서 비롯된다.

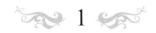

1

顏氏家訓曰 夫有人民而後 有夫婦 有夫婦而後 有父子 有父
子而後

안씨가훈왈 부유인민이후 유부부 유부부이후 유부자 유부자이후

有兄弟 一家之親 此三者而已矣 自玆以往 至于九族 皆本於
三親

유형제 일가지친 차삼자이이의 자자이왕 지우구족 개본어삼친

焉故於人倫 爲重也 不可不篤

언고어인륜 위중야 불가불독

**"사람이 있은 후에 부부가 있다. 부부가 있은 후에 부자가 있다. 부자가
있은 후에 형제가 있다. 한 집안의 밀착된 혈육은 이 셋뿐이다. 구족에
이르기까지 모두 삼친이 근본이다. 인륜에 있어서 가장 중요하니 어찌
돈독하지 않으랴."**

『안씨가훈顏氏家訓』은 안지추安之推가 지은 두 권의 책이다. 자손에게
가르쳐야 할 것을 기록했다. 참고로 구족九族의 범위는 다음과 같다.

첫째는 고조, 증조, 조부, 부친, 본인, 아들, 손자, 증손, 현손까지의
직계 촌을 중심으로 해서 고조의 사대 손四代孫 되는 형제, 종형제, 재
종형제, 삼종형제까지의 방계친을 포함하는 동종 친족이다. 둘째로는
부족父族인 고모의 자녀들과 그 자녀들의 자녀와 모족母族의 외조부모
와 이모의 자녀, 처족妻族으로서의 장인, 장모를 말한다.

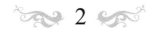

2

莊子曰 兄弟爲手足 夫婦爲衣服 衣服破時更得新 手足斷處難可續

장자왈 형제위수족 부부위의복 의복파시경득신 수족단처난가속

"형제는 수족과 같고 부부는 의복과 같다. 옷이 헤졌을 때는 바꿔 입을 수 있으나 수족이 끊어지면 어떻게 다시 잇겠는가."

　가장 친밀한 관계성은 부부지간이다. 요즘은 왕래도 하지 않고 남들처럼 사는 형제자매지간도 많다. 그러나 장자莊子는 혈연의 끊을 수 없음을 강조하면서, 필요와 조건과 또 신뢰로 결합한 부부의 관계성으로도 혈연의 그 연결성만큼은 어떻게 해볼 수 없다고 말한다. 그리고 이것은 사실이다. 때로는 이 연결성으로 말미암아 혈연간에, 혹은 부부지간에 심각한 갈등이 발생하기도 한다. 더구나 이해타산이 개입되면 서로를 향한 마음가짐이 구질구질해질 때도 있다. 시인은 여기에 대해서 좀 냉정한 현실감각을 덧붙인 이야기를 해주고 싶다. 서로 아낌없이 나누던 형제자매였을지라도 아내나 남편이 생기면 조금씩 타산적이 되는 것을 당연하게 받아들이라고, 부부가 연합했다는 것은 새로운 세상을 만들기 시작했다는 뜻이니까. 자기자녀들을 위한 나라를 건설해나가야 하니까. 형제와 자매는 다만 서로의 세계가 튼튼해지는 것을 지켜보고, 격려하고, 응원하는 일로도 충분히 아름다울 수 있으니까.

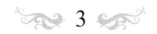

3

蘇東坡云　富不親兮貧不疎　此是人間大丈夫　富則進兮貧則退
此是人間眞小輩

소동파운 부불친혜빈불소 차시인간대장부 부즉진혜빈즉퇴 차시인간
진소배

"누가 부유하다고 (굳이) 가까이 하지 않고 누가 가난하다고 (일부러) 멀
리 하지 않는다. 이런 사람이야말로 인간 대장부다. 부유하면 다가서고
가난하다고 멀리 하는 것은 진짜 소인배다."

　이 시에는 의미 있는 두 문장이 등장한다. 불친不親(굳이 가까이하
지 않음)과 불소不疎(일부러 멀리하지 않음). 사람이 사람을 대하는 태
도에서 나타나는 모습이다. 어떤 상황과 대상을 앞에 두고서도 이런
태도에 흔들림이 없는 사람을 소동파는 대장부라고 불러준다.

第十七篇 무례히 행치 않는 힘(遵禮 篇)

예禮는 무엇일까. 세상은 모든 것을 법으로 따지기 좋아하지만 그러나 예는 법이 아니다. 가정과 사회를 유지하는 으뜸의 질서이며 규범規範(마땅히 따르고 지켜야 할 본보기)이다. 흔히 사랑만이 세상을 변화시키고 이겨낼 수 있다고 말한다. 사랑은 오래 참고 온유하며 상대를 있는 그대로 인정해주는 힘이기 때문이다. 상대를 그대로 인정해주는 힘은 상대의 존재성을 무례히 대하지 않음으로써 발휘된다. 대상에 대한 사랑과 기대를 말로 표현하는 것은 매우 중요하다. 그런데 대상의 존재성에 대해서 무례히 행치 않는 힘이란, 오래 참고 온유할 뿐 아니라 말하지 않더라도 실천하는 부분이기에 더욱 강력하다. 그대가 혹시 어떤 공동체에서 리더십을 행사하는 사람일까. 그렇다면 이 준례遵禮 편의 내용을 마음에 담아두라. 잊지 말고 시시때때로 실천하라. 그렇게 해서 사람에 대해서 무례히 행치 않는, 더욱 강력한 힘을 소유할 수 있기를 시인은 소망한다.

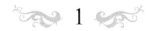

1

子曰 居家有禮故 長幼辨 閨門有禮故 三族和 朝廷有禮故 官
爵序
자왈 거가유례고 장유변 규문유례고 삼족화 조정유례고 관작서
田獵有禮故 戎事閑 軍旅有禮故 武功成
전렵유례고 융사한 군려유례고 무공성

"집안에 예가 있으면 윗사람, 아랫사람의 분별이 있다. 안 사랑채에 예가
있으면 삼족이 화목하다. 조정에 예가 있으면 벼슬에 위계질서가 있다.
사냥에 예가 있으면 마구잡이는 생기지 않는다. 전장의 군대에 예가 있
으면 무공을 세울 수 있다."

공자는 『논어』에서 말하기를, "예가 아니면 보지도, 말하지도, 움
직이지도 말라" 하였다. 위 내용에서도 이러한 도리와 질서의 바탕은
예에 있다고 말한다.

2

子曰 君子有勇而無禮爲亂 小人有勇而無禮爲盜
자왈 군자유용이무례위란 소인유용이무례위도

"군자가 용맹은 있으되 예가 없으면 세상을 어지럽힌다. 소인이 용맹은
있으되 예가 없으면 도둑이 된다."

사람이 '어떤' 상황 앞에서 용기를 내보이지 못하면 존재로서의 가치는 보잘것없는 것이 된다. 그러므로 사람은 용기가 있어야 한다. 이것을 담대함이라고 하는데, 그러나 진정한 용기는 존재로서의 존엄을 증명하기 위해서만 사용하는 것이다. 이런 경우에도 예를 잃으면 그 가치는 작아진다. 여기에는 피치 못하는 격렬함과 부딪힘도 있을 수 있기 때문이다.

어떤 공동체에서 발생한 상황이 불합리하게 여겨지거나 자기 뜻에 마땅치 않으면 발끈하는 사람이 있다. 그는 그걸 용기라고 여긴다. 그러나 용기의 실행에는 결단과 책임이 반드시 따라붙는다. 상황에 대한 분별은 물론이거니와 더 나은 대안도 요구될 수밖에 없다.

『한서漢書』와 『사기열전史記列傳』에도 자신의 존엄을 증명하기 위해 결단을 내보인 세 인물이 등장한다. 한 고조 유방과 초 패왕 항우, 그리고 천하의 명장이라고 일컬어도 어색하지 않은 한신이다. 이들이 상황에 대처하는 방식은 모두 달랐다. 그러나 항우와 한신은 자신의 존엄을 증명하는 수단을 부끄러워하지 않았다. 결단할 수밖에 없는 상태를 한탄스러워했을망정 자신의 목숨을 포기해야 할 상황에서도 끝내 감당해야 하는 책임과 용기를 버리지 않았다. 그들은 스스로에 대해서도 예의를 지킬 수밖에 없었기 때문이다. 이것은 일생 대장부로서의 걸음을 꿋꿋하게 잘 걸어왔다는 자기 존엄성에 대한 위로이기도 하다. 특히 한신은 천명天命이 정해 놓은 자신의 유한성을 한탄하면서도 자기 존재 가치의 크기를 입증하는 다다익선多多益善이라는 유명한 말을 남겼다.

지금은 용기의 개념도 모르는 것들이 설치며 날뛰는 난폭한 세상이 됐다. 그것이 몰염치와 가치 없음으로 보인다. 밉고 싫다. 그러면서 굳이 다음과 같은 이야기를 할 필요가 있을까 망설이다가 덧붙여 본다. 『논어』양화陽貨 편에 있는 내용이다. 그런데 이 단락을 시작하는 시인의 어투도 난폭해진 것 같아서 조금 난처한 기분이 든다. 하여튼 각설하고, 어느 날 자공子貢이 물었다. "君子亦有惡乎군자역유오호(군자도 미워하는 것이 있습니까?)" 공자가 대답했다. "有惡 惡稱人之惡者 惡居下流而訕上者 惡勇而無禮者 惡果敢而窒者유오 오칭인지악자 오거하류이산상자 오용이무례자 오과감이질자(미운 것이 있다. 남의 나쁜 점을 들춰내는 자, 감히 윗사람을 비방하는 자, 용기는 있으나 무례한 자, 과감하지만 꽉 막힌 자를 미워한다.)"

존재 증명을 위해서 취하는 수단 중에서 가장 으뜸의 가치는 무엇일까. 그것은 나와 다른 대상의 존엄성까지 인정해주는 일이다. 이것이 진정한 용기이다. 받아들일 수 없는 것을 받아들이라고 자신까지 설득할 수 있는 힘이어서 그렇다. 자신의 이익추구를 위한 용기표출은 투쟁이지만, 모든 존재하는 생명의 존엄성을 지켜주기 위한 결단은 용기이다. 그 바탕에는 굴절되지 않은 의식이 만들어내는 올바름과 보편성을 지니고 있다.

3

曾子曰 朝廷莫如爵 鄕黨莫如齒 輔世長民莫如德
증자왈 조정막여작 향당막여치 보세장민막여덕

"조정에서는 작위보다 나은 것이 없다. 향리에서는 나이보다 나은 것이

없다. 세상을 돕고 백성을 세우는 일에서는 덕보다 나은 것이 없다."

증자는 공자의 수제자다. 효행이 뛰어난 사람으로 알려져 있다. 안회顔回, 자사子思, 맹자孟子와 함께 사성四聖으로 일컬어진다. 위 문장의 내용은 상대의 위치에 대한 인정과 살아오면서 쌓은 경험에 대한 존중에 대해서 말하고 있다. 또 끝 부분에서 언급한 덕德은 도덕적 또는 인격적 훌륭함을 뜻하는데, 이는 모범이 될 수 있는 힘을 지녔다는 말이기도 하다. 작爵(사회적 위치), 치齒(나이와 경륜), 덕德(모범) 중에서 가장 상위 가치는 덕이다.

4

老少長幼 天分秩序 不可悖理而傷道也
노소장유 천분질서 불가패리이상도야

"나이의 많고 적음은 하늘이 정해준 차례이다. 이런 이치를 어겨 도리에 어긋나지 않아야 할 것이다."

나이는 질서와 관련이 있다. 상대의 나이가 많다는 것은 세상의 여러 상황과 상태를 보고 듣고 느끼고 겪은 경험과 생각을 나보다 먼저 해봤다는 뜻이다. 그가 이런 자기 경험을 절대화하지는 않지만 아직 그것을 아직 맛보지 못한 이들과 나눠보려는 마음을 지녔다면, 이는 당연히 존중받아야 마땅하다.

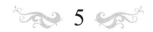

出門如見大賓 入室如有人
출문여견대빈 입실여유인

"문밖에 나갈 때는 귀한 손님을 만나는 것처럼, 방에 들어설 때는 사람이 있는 것처럼 하라."

마치 근신謹身의 처방處方 같다. 우리가 많이 겪는 일이지만, 어려운 사람을 만날 때는 언행심사가 신중해지지 않던가. 또 방에 들어설 때도 사람이 있는 것처럼 여기라고 한 것은 매사를 처리하는 몸가짐이 조심스럽고 단정해야 한다는 뜻이다.

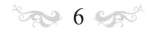

6

若要人重我 無過我重人
약요인중아 무과아중인

"만약 남이 나를 중하게 여겨주기 바란다면 내가 먼저 남을 중하게 여길 일이다."

모든 관계성에서 남에게 중히 여김을 받고 싶은 것은 자기 존재성의 긍지를 확인하고 싶다는 것과 같다. 그렇다면 마주한 대상도 같은 마음이지 않겠는가. 이 부분을 늘 염두에 두고 대상을 대하라. 그대 역시 늘 존중받는 사람이 될 것이다. 성경도 이 부분에 대해서 "남에게 대접을 받고자 하는 대로 너희도 남을 대접하라."(눅 6:31)고 말씀하고 있다.

7

父不言子之德 子不談父之過
부불언자지덕 자불담부지과

"아버지는 아들의 덕을 자랑하지 말고 아들은 아버지의 허물을 말하지 않도록 하라."

자식 자랑은 하지 말라고 했다. 그러나 위 문장의 내용은 이 단원의 마지막 부분이다. 그 핑계로 시인이 가장 즐거워하는 일에 대한 우스갯소리를 하나 해야겠다. 다른 이들에게서 내 두 아들이 참 괜찮다는 칭찬을 들으면 아주 좋아서 죽는다는 것. 게다가 또 내 자식 잘났다는 자랑도 망설이지 않는다. 혹시 팔불출 아니냐고? 이 말에 동의하면 선친께서 팔삭둥이를 낳으셨다는 뜻일 수도 있으니 외람되고 송구스럽지만, 심정적으로도 그렇고, 흔히 자식자랑 하는 사람을 일컫는 말이기도 하니까 거기 의지해서 대답해야겠다. 그렇다. 시인을 팔불출이라고 불러도 아무렇지 않다. 그리고 내 두 아들은 아비의 허물을 거의 발설치 않는다. 자기들의 아버지가 원칙주의자라는 신뢰가

확고하다. 내 삶에서 이것은 긍지다. 이 긍지를 지키기 위해서 또 시인은 이 두 아들의 부족한 부분은 절대 발설하지 않는다. 혹시라도 그것을 말하면 그 발성의 파장이 돌고 돌다가 나중에, 내가 전심전력으로 사랑하는 이 대상들에게 다시 닿아 들러붙을까 봐 두렵기 때문이다. 그래서였을까. 공자께서도 이런 문장을 남겼다. 부위자은父爲子隱이요, 자위부은子爲父隱이라. 즉 아버지는 아들의 잘못을 덮어주고, 아들은 아버지의 허물을 들춰내지 않는다는 말이다.

第十八篇 살리기도 하고 죽이기도 하는(言語篇)

'모든 예술의 으뜸은 문학이며, 시詩는 그 정점頂點에 있다'고 했다. 내게도 몇 권의 시집과 저서가 있다. 사람들이 시인이라고 불러준다. 이 호칭은 언어 다루는 일에서의 깊이와 아름다움을 추구하는 사람이라는 뜻이다. 그렇다고 그 내용을 여기에 서술하지는 않는다. 다만 이렇게 당부할 뿐이다. 이제부터는 우리가 무의식적으로 사용하는 언어를 잘 살펴보자고. 때로는 그것이 사람을 죽이기도 하고 살리기도 한다고. 부디 앞으로는 그대와 내가 사람을 세우고 살리는 언어만을 습관화시켰으면 좋겠다.

이 단원에는 시인의 이야기를 덧붙이지 않는다. 다만 말의 파장波長이 우리에게 어떤 영향력을 행사하는가에 대해 숙고하는 침묵의 시간을 갖고 싶다. 그러나 그대는 이 단원의 문장들을 조용조용 소리 내어서 읽어보라. 그러면서 자신의 언어태도를 가만히 살펴보라. 한 번 더 말해두지만, 우리가 말했던 그 언어의 파장이 우리에게 다시 닿을 때의 에너지는 그대와 나를 살리기도 하고 죽이기도 한다. 그러므로 마음에서 비틀린 솟구침이 일어날 때는 반드시 그런 파장이 튀어나올 발성을 삼가야 할지라!

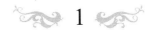

1

劉會曰 言不中理 不如不言
유회왈 언부중리 불여불언

"이치에 맞지 않는 말은 차라리 하지 않는 것이 낫다."

2

一言不中 千語無用
일언부중 천어무용

"한마디의 말이 이치에 맞지 않으면 천 마디 말이 무슨 소용이랴."

3

君平曰 口舌者 禍患之門 滅身之斧也
군평왈 구설자 화환지문 멸신지부야

"입과 혀는 재앙과 근심의 문이다. 몸을 멸망시키는 도끼이기도 하다."

4

利人之言 煖如綿絮 傷人之言 利如荊棘 一言半句 重値千金 一
語傷人
이인지언 난여면서 상인지언 이여형극 일언반구 중치천금 일어상인
痛如刀割
통여도할

"남을 이롭게 하는 말은 솜보다 따뜻하다. 남을 다치게 하는 말은 가시
처럼 날카롭다. 한마디 말의 가치는 천금보다 무겁다. 말로 인해서 사람
이 다칠 때의 그 아픔은 마치 칼로 쪼개는 것과 같다."

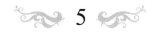

口是傷人斧 言是割舌刀 閉口深藏舌 安身處處牢
구시상인부 언시할설도 폐구심장설 안신처처뢰

"입은 사람을 상하게 하는 도끼다. 말은 혀를 베는 칼이다. 입을 막고 혀
를 깊이 감추면 그 어느 곳에 있더라도 몸이 편안할 것이다."

6

逢人且說三分話 未可全抛一片心 不怕虎生三個口 只恐人情
兩樣心

봉인차설삼분설 미가전포일편심 불파호생삼개구 지공인정양양심

"사람을 만나도 모든 것을 다 말하지 않고 속마음 한 조각은 남겨둘 일
이다. 호랑이 그 세 개의 입은 두렵지 않으나 사람 마음의 두 가지 형태
는 정녕 무서운 것이니."

이 부분도 그냥 침묵하고 싶었으나 (혹시 이 부분을 읽게 된 이들
이 청소년이라면)설명이 필요할 것 같아서 덧붙인다. 흔히 절대절명_絕
代絕命의 위기를 호구_{虎口}에 빠졌다고 표현한다. 어떤 동물이든지 거기
한번 물리면 빠져나갈 방법이 없다. 그런데 위 문장에서는 이런 억세
고 사나운 호랑이 입을 세 개나 만나도 두렵지 않다고 말한다. 더 무
서운 것은 다름 아닌 사람 마음의 겉과 속이 다른 표리부동_{表裏不同}함이
란다. 그렇다면 우리는 어떻게 사람을 대해야 할까. 진정과 정직, 이
것만이 긍지라고 스스로에게 고개 끄덕여줄 수 있어야겠지.

7

酒逢知己千鐘小 話不投機一句多
주봉지기천종소 화불투기일구다

"지기와 만나면 천 잔 술인들 양이 차겠는가. 말이 통하지 않는 자와는 한마디의 말도 많지만."

第十九篇 벗이여, 그대에게 중독되고 싶다(交友篇)

그대는 사람에게 중독되어 봤는지. 물론 가족이나 친구 연인관계를 다 포함해서 말이다. 그런 대상을 향한 으뜸의 표현으로는 지음지기知音知己가 있다. 유래를 살펴보면 그것도 다름 아닌 사람에 대한 중독이었다. 지음은 말하지 않아도 그 마음을 알아준다는 뜻이다. 알아준다는 것은 그 뜻을 헤아리고 믿어준다는 것과 같다.『열자列子』탕문湯文 편에 나오는 거문고의 달인과 한 나무꾼의 사이가 그랬다. 여기에는 신분의 차이도 없었다. 또 그 관계가 끊어졌을 때는 거침없이 그 매개체 역할을 했던 것까지 던져버릴 수 있었다. 종자기가 죽었을 때, 유백아는 그렇게 애지중지하던 거문고의 줄을 끊어버렸다. 다시 연주하는 일도 없었다. 알아줄 사람이 없으니 자기 생애에서 누릴 낙樂도 사라졌다는 선언의 의미였다. 백아절현伯牙絶絃이라는 문장은 그렇게 해서 만들어졌다. 여기에 버금가는 말이 관포지교管鮑之交다. 그러나 사실 관포지교는 일방적인 사랑이었다. 이것도 일종의 중독이다. 중국 제濟나라 때의 일이다. 어떤 사업체에 포숙이 자본을 대고 관중이 경영을 맡았다. 이익금은 관중이 독차지했다. 그러나 포숙은 너그러웠다. 관중의 집이 가난한 때문이라며. 또 전쟁터에서도 그랬다. 관중은 동료들을 팽개치고 세 번이나 도망쳤다. 그때도 포숙이 그를 대신 변명해줬다. 관중에게는 늙은 어머니가 아직 생존해 계신다, 그러니 어찌 목숨을 함부로 할 수 있겠느냐면서. 훗날 관중은 이렇게 말했다. 생아자부모 지아자포자야生我者父母 知我者鮑者也(나를 낳으신 이는 부모님, 그러나 나를 알아준 이는 오직 포숙뿐이다). 이 말은 즉 나를 알아주고 믿어주고 사람 대접해준 이는 포숙뿐이라는 사실에 대한 절대적인 인정이며 수긍이다.

　　지금은 모든 관계성이 다 팍팍해진 세상이다. 마음의 문을 닫아걸고 있기 때문이다. 그러나 이제부터라도 함께 있는 사람들에게 중독돼보지 않겠는가. 거기에 생애의 의미를 새롭게 부여하는 의미로. 그대와 내가 이렇게 마음의 문을 여는 순간 우리에게는, 우리를 친구라 부르는, 우리를 알아주고 있는, 한 사람의 아들이 찾아와 있음을 알게 될 것이다. 관계성 회복의 힘을 허락하신 분, 그의 이름은 주主 예수이다. 어서 문을 열자.

1

子曰 與善人居 如入芝蘭之室 久而不聞其香 卽與之化矣 與
不善人居
자왈 여선인거 여입지란지실 구이불문기향 즉여지화의 여불선인거
如入鮑漁之肆 久而不聞其臭 亦與之化矣 丹之所藏者赤 漆之
所藏者黑
여입포어지사 구이불문기취 역여지화의 단지소장자적 칠지소장자흑
是以 君子 必愼其所與處者焉
시이 군자 필신기소여처자언

"착한 사람과 어울려라. 이는 연지와 난초가 있는 방에 들어간 것과 같
다. 그 향기를 오래 맡지 않아도 거기에 동화될 수 있으리. 선하지 않은
이들과 어울리는가. 그것은 마치 절인 생선가게에 있는 것과 마찬가지
다. 오래 맡지 않더라도 그 냄새가 스며들고 말리라. 단사丹砂를 지니면
붉어지고, 칠 옻을 지니면 검어지느니. 이러할진대 군자가 어찌 가까이
지낼 사람을 신중히 고르지 않겠는가."

家語云 與好學人同行 如霧露中行 雖不濕衣 時時有潤 與無
識人同行
가어운 여호학인동행 여무로중행 수불습의 시시유윤 여무식인동행
如廁中坐 雖不汚衣 時時聞臭

여측중좌 수불오의 시시문취

"학문을 좋아하는 사람과 함께 가는 것은 안개와 이슬 속을 걷는 것과 같다. 비록 옷이 젖지 않아도 점차 물기(좋은 영향력)가 배어든다. 배우지 않아 깨달음이 없는 자와 함께하는 것은 변소에 앉아있는 것과 마찬가지다. 옷에 묻히지 않는다 해도 그 냄새(막돼먹은 언행심사)가 계속 풍겨질 것이다."

3

子曰 晏平中 善與人交 久而敬之
자왈 안평중 선여인교 구이경지

"안평중은 남과 잘 사귀었고 오랫동안 공경했다."

안평중의 이름은 영嬰이며 춘추시대 제齊나라의 명재상이었다. 한번 사귀면 오랫동안 공경했다는 말은 변치 않는 마음을 지녔고 이해타산 때문에 그 대상들에게 소홀하거나 무례하지 않았다는 뜻이다. 모든 성의를 다해 있는 힘껏 사람을 섬겼을 것이다. 그랬기에 공자께서도 저런 칭찬을 남겼으리라.

相識滿天下 知心能幾人
상식만천하 지심능기인

"알고 지내는 사람 가득해도 서로의 마음까지 아는 이는 얼마나 될까."

　무릇 진정한 친구란, 서로의 마음과 형편과 처지와 그 입장을 알아 주고 헤아려줄 수 있는 사람을 말한다.

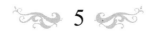

酒食兄弟 千個有 急難之朋 一個無
주식형제 천개유 급난지붕 일개무

"술과 음식을 나눌 때는 형제라 일컫는 자가 천 명일지라도 급하고 난처할 때 친구라며 돕는 자는 한 명도 없구나."

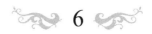

不結子花 休要種 無義之朋 不可交
불결자화 휴요종 무의지붕 불가교

"열매 맺지 않는 꽃 심을 필요 없듯 의리 없는 친구는 사귄들 무엇하리."

결실을 맺기 위해서는 노력이 필요하다. 사람을 사귀는 일도 마찬가지다. 그러나 의리 없는 자와 사귀면서 들이는 공과 노력은 무의미하다. 아름다운 관계성이 만들어내는 맛과 향과 열매를 기대할 수 없기 때문이다.

7

君子之交 淡如水 小人之交 甘如醴
군자지교 담여수 소인지교 감여례

"군자의 사귐은 물과 같이 무덤덤하지만 소인의 사귐은 마치 단술처럼 달콤하다."

군자의 사귐은 대부분 그 형태가 담담하다. 그러나 그 본질의 형상은 오랫동안 유지된다. 그런데 소인의 사귐은 왁자지껄하고 화사하고 달콤해 보이기 일쑤다. 이해타산을 끌어안고 있기 때문이다. 얼마 지나지 않아 거기 지배 받게 되면 곧 부패해 버린다. 위 문장의 암시가 묘하다. 인지상정의 속내를 건드리고 있다.

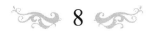

8

路遙知馬力 日口見人心
노요지마력 일구견인심

**"길이 멀면 말[馬]의 힘을 알게 된다. 세월이 지나가는 동안에는 사람의
마음을 보게 된다."**

　저력底力은 만만치 않은 능력을 지녔다는 말이다. 더 정확하게는 밖
에 내보이지 않지만 남들이 알지 못하는 힘(학문과 지식, 이런저런
관계성으로 말미암는 배경, 흔히 만날 수 없는 상황에 대한 경험 등
등)을 속에 감추고 있다는 뜻이다. 대체로 저력을 갖춘 이들은 오래
참을 줄 알고 또 온유하다. 이 향기는 성품으로 발휘된다.

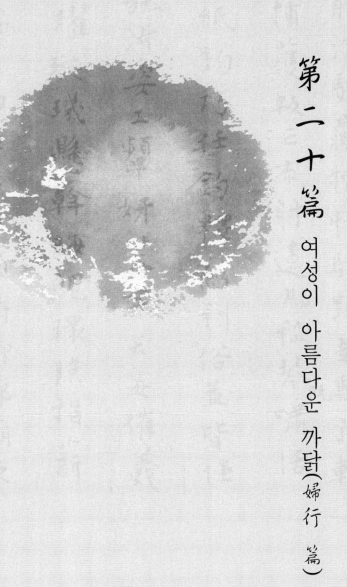

第二十篇 여성이 아름다운 까닭(婦行篇)

지금은 남녀평등의 시대다. 오히려 여성이 남성을 지배한들 아무렇지 않게 여기는 세상이 됐다. 간혹 '팜므파탈'을 꿈꾸는 이도 보인다. 그러나 모든 여성이 다 그렇더라도 과연 세상을 혼자서 지배할 수 있을까. 부디 남성과 여성의 기능에는 그 역할의 차이가 있다는 것을 잊지 않기 바란다. 이 사실을 인정하고, 또 순응하게 되면 성적인 대립은 발생하지 않는다. 순응은 굴종이 아니다. 힘 있는 내면을 지닌 존재들만 내보일 수 있는 강한 의지이다. 이렇게 서로의 역할에 대한 존중이 당연해지면, 그때야말로 진정한 남녀평등의 세상이 될 것이다. 다시 말해두지만, 가정에서는 여성의 역할이 절대적이다. 이 놀라운 기능(talent)을 제대로 수행할 수 있는 방법이 부행婦行 편에 기록돼 있다.

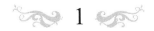

1

益智書云 女有四德之譽 一曰婦德 二曰婦容 三曰婦言 四曰
婦工也
익지서운 여유사덕지예 일왈부덕 이왈부용 삼왈부언 사왈부공야

"여성에게는 떠받들어줘야 할 네 가지 아름다움이 있다. 첫째는 그 마음
씨요, 둘째는 그 맵시요, 셋째는 그 말씨요, 넷째는 그 솜씨라."

2

婦德者 不必才名絶異 婦容者 不必顔色美麗 婦言者 不必言
口利詞
부덕자 불필재명절이 부용자 불필안색미려 부언자 불필언구이사
婦工者 不必技巧過人也
부공자 불필기교과인야

"아름다운 마음씨는 그 재주와 이름의 독특함에서 나오는 것이 아니다.
아름다운 맵시는 그 얼굴이 곱다고 갖춰지는 것이 아니다. 아름다운 말
씨는 말솜씨의 좋고 나쁨에 있는 것이 아니다. 아름다운 솜씨는 그 손재
주가 남들보다 뛰어났다고 만들어지는 것이 아니다."

　　어떤 여성이 무릇 마음씨, 맵시, 말씨, 솜씨를 갖췄다고 하자. 그중
에서도 특히 맵시가 뛰어났다면 우리는 보통 그 사람을 일컬어 아름

답다고 말한다. 시각은 인체의 감각 중에서 가장 예민한 부분이고 또 외형에 먼저 반응하기 때문이다. 그런데 여성을 향한 시인의 기대치가 너무 높은 것일까. 제법 넉넉한 마음씨, 보암직한 용모, 반듯한 언어습관, 사람을 흡족하게 할 만한 솜씨를 지녔더라도 이것이 전부는 아니라고 말하고 싶다니. 진정한 아름다움은 사람을 대하는 성의가 진실하고, 있는 그대로 상대를 인정해줄 줄 아는 순수하고 정직한 '성품'을 지녔는가에 있다. 한 가지 더 알아둬야 할 것은, 본질상 맵시는 자신을 위해서 가꾸는 것이다. 하지만 마음씨, 말씨, 솜씨는 다르다. 상대 즉 내가 아닌 다른 사람을 섬기기 위한 훈련이 함께했을 때 격조가 갖춰지기 때문에 그렇다.

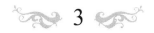

3

其婦德者 淸貞廉節 守分整齊 行止有恥 動靜有法 此爲婦德也
기부덕자 청정염절 수분정제 행지유치 동정유법 차위부덕야
婦容者 洗浣塵垢 衣服鮮潔 沐浴及時 一身無穢 此爲婦容也
부용자 세완진구 의복선결 목욕급시 일신무예 차위부용야
婦言者 擇詞而說 不談非禮 時然後言 人不厭其言 此爲婦言也
부언자 택사이설 불담비례 시연후언 인불염기언 차위부언야
婦工者 專勤紡績 勿好暈酒 供具甘旨 以奉賓客 此爲婦工也
부공자 전근방적 물호운주 공구감지 이봉빈객 차위부공야

"여성의 아름다운 마음씨란 이렇다. 맑고 곧게 절개를 지키며, 염치와 절도가 있어 분수를 넘지 않으며, 모든 행하는 일에 있어서 부끄러움을 알고 움직임에서도 범도를 잃지 않는 일이다. 여성의 아름다운 맵시란 이렇다. 먼지와 때를 세탁하며, 의복은 단정하고 청결하게 하며, 때마다 씻어 몸에 더러움이 없게 함으로써 갖춰진다. 여성의 아름다운 말씨란 이렇다. 남이 본받을 만한 말을 가려서 하며, 예의에 어긋나는 말은 하지 않으며, 때에 맞춰 말을 하니 사람들이 그 말을 싫어하지 않는 것을 말한다. 또 부지런히 길쌈하며, 어지럽게 만드는 술을 좋아하지 않으며, 맛있는 음식을 성의껏 만들어 손님을 대접하는 이 일이야말로 진정한 여성의 아름다운 솜씨이다."

4

此四德者 是婦人之所不可缺者 爲之甚易 務之在正 依此而行
是爲婦節

차사부덕 시부인지소불가결자 위지심이 무지재정 의차이행 시위
부절

"이 네 가지(마음씨, 맵시, 말씨, 솜씨)의 아름다움은 여성들이 소홀하면 안 되는 것들이다. 이는 행하기조차 쉽지 않은가. 바르게 행하도록 힘써야 한다. 이는 곧 아름다운 여성으로서 갖춰야 할 범절이기도 하다."

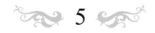

5

太公曰 婦人之禮 語必細
태공왈 부인지례 어필세

"부인의 예절이라면 말을 조용히 하는 것이다."

　부부의 역할이 아름답게 조화되는 가정에는 특징이 있다. 남편은
아내를 알아주고, 아내는 남편을 세워준다는 것. 남편을 세워주는 방
법 중 하나는 그 말을 조용하게 하는 것이다. 아내가 다정하게 북돋
는 속삭임에 익숙한 사내는 세상을 향한 도전에 두려움을 느끼지 않
는다. 역사를 읽어보면 몇몇 예외는 있다. 그러나 세상에 유익한 발자
취를 남긴 대장부들의 아내와 연인들이 지닌 언어 태도는 섬세했다.
섬세했다는 것은 그 의사표시의 방법이 다정하고 조용하게 표현됐다
는 뜻이다. 그 표현된 발성의 대부분에는 상대를 깊이 헤아려 쓰다듬
은 공명共鳴이 담겨 있었다.

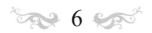

6

賢婦 令夫貴 惡婦 令夫賤
현부 영부귀 악부 영부천

**"어진 아내는 남편을 귀하게 만든다. 악한 아내는 남편을 천하게 만들
뿐이다."**

7

家有賢妻 夫不遭橫禍
가유현처 부불조횡화

"집에 어진 아내가 있으면 남편은 뜻밖의 재앙을 만나지 않는다."

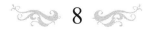

8

賢婦 和六親 侫婦 破六親
현부 화육친 영부 파육친

"어진 아내는 육친을 화목하게 만들지만, 이간질하는 아내는 육친의 화목을 깨뜨린다."

第二十一篇 열심히 공부하자(勸學篇)

명심보감의 끝부분 몇 단원은 생략했다. 이 고전을 남긴 이에 대한 무례일지 모르겠다. 그러나 이렇게 이해해주기 바란다. 온고이지신溫故而知新을 실감할 수 없는, 현실과 전혀 동떨어진 내용을 굳이 오늘날에도 중언부언重言復言할 필요가 있겠느냐는 것으로. 중언부언은 불필요한 말을 무겁게 반복한다는 뜻이다.

이 책의 첫 단원은 착한 일 행하기를 강조하는 내용이었다. 그리고 마지막 단원은 열심히 공부할 것을 강조하게 됐다. 사람이 사람의 길을 제대로 걷도록 하기 위한 지침으로서의 배려로 여겨주면 좋겠다. 이 단원의 내용들은 여러 곳에 인용되기도 하고 누구나 다 실감하고 있는 것들이다. 많은 말을 덧붙일 필요는 없겠지. 다만 옛사람들의 학문추구의 방법과 그 목적의 방향성에 대한 설명을 그대가 잘 명심해서 일생 배우는 일에 게으르지 않도록 두 손을 모을 뿐이다. 사람은 자신이 배우고 경험한 범위 안에서만 세상을 보고 듣고 받아들인다. 그런데 그 배움의 범위가 작을 뿐 아니라 경험까지 적어서 세상이 움직여지는 상황을 납득하지 못하게 되면 그 일생의 시간 대부분은 분노 속에서 지나갈 수밖에 없다. 이 분노는 자신이 세상의 중심이 되고 싶다는 욕구의 박탈감에서 발생한다. 배워두지 않았고, 겪어보는 것도 소홀했다면 나중에는 충족시켜볼 방법조차 강구할 수 없다. 파괴의 충동에 시달리기만 할 뿐. 이런 상태를 황폐의 지경이라고 한다. 배움에 게을렀음이 원인이다. 시인은 이 사실을 아주 오래 전에 알았다. 그러나 아무에게도 말하지 않다가, 이 책을 통해서 들려주는 이야기를 그대는 깊이 생각해보기 바란다. 그리고 부디 잊지 않기를.

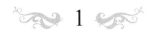

1

朱子曰 勿謂今日不學而有來日 勿謂今年不學而有來年 日月
逝矣
주자왈 물위금일불학이유내일 물위금년불학이유내년 일월서의
歲不我延 嗚呼老矣 是誰之愆
세불아연 오호노의 시수지건

**"오늘 배워둔 것이 없는데 어찌 내일이 있겠는가. 올해 배우지 않았는데
어찌 내년을 말하겠는가. 해와 달이 지듯 세월은 나를 기다려주지 않았
으니 오호(슬프도다), 늙었구나. 누구를 탓한단 말인가."**

　오늘 부지런히 공부하고 준비해야 내일의 희망이 있다는 뜻인데,
그렇게 했더라도 일생의 시간이 짧음에 대한 탄식을 함께 써놓은 내
용이다. '오호(슬프도다), 늙었구나. 누구를 탓한단 말인가'라는 문장
마무리에는 배움을 소홀히 하면서 쓸모없는 일에 시간낭비를 더 많
이 했다는 안타까운 각성이 담겨 있다. 주자의 이런 정서적 호소가
오늘을 살아가는 그대에게 어떤 모습으로 다가서고 있을까.
　논어, 맹자, 대학, 중용, 시경, 서경, 예기를 사서심경이라고 일긷게
된 것은 주자가 『사서집주』 『대학장구』 등의 이름으로 정돈해 놓았
음으로 말미암는다. 그대도 잘 알고 있는 사실일 테니 여기에 다른
이야기를 하나 덧붙여야겠다. 주자는 그중에서도 죽을 때까지 『예기
禮記』에 들어 있던 '대학'의 탐구에 매달렸다는 것. 시인의 선조부께서
그렇게 가르쳐주셨다. 또 생존해 계실 때는 명명덕明明德과 신민新民, 지

어지선止於至善의 의미도 자주 설명해주셨던 것을 기억한다. 그리고 그 기억은 '여전히' 생생한데, 그러나 '아직도' 그 부분을 잘 알지 못하는 것 같아서 안타깝다. 실천의 능력을 획득하지 못했기 때문이다. 명明 시대에 왕수인王守仁(1472~1528)이 일으킨 양명학과 학문에 실용을 적용시키려 했던 우리나라의 균형 잡힌 선비 다산茶山 정약용의 주장도 조금 살펴봤지만, 명명덕과 신민 혹은 친민親民에 대한 구체성 확보는 여태 오리무중五里霧中이다. 다만 혼자 세워놓은 하나의 개념만 붙들고 있을 뿐이다. 『대학』이 가르치는 모든 명분은 '치국평천하治國平天下'에 집중되어 있다는 것. 거기에 대한 하나의 방안이 이 명심보감에도 적혀있는데, 주자와 함께 성리학을 세운 명도선생 정호程顥는 말했다. 세상이 평화롭게 다스려지기에 필요한 것은 오직 소통과 모범뿐이라고. 이것이 사실이라면 다스리는(리더십을 발휘해야 하는) 자들은 이런 태도에 흔들림이 없기 위해서라도 스스로 밝은 덕 쌓는 공부를 더욱 힘껏 해야 하지 않을까. 만약 그대가 이 글을 읽고 다시 사서를 펼쳐 든다면 주자가 말한 것처럼 대학, 논어, 맹자, 중용이 순서라고 권하고 싶다. 까닭이 있다. 논어는 사람의 근본을 세우는 일을 생각하게 만들지만 대학은 삶의 규모規模를 정해주기 때문이다. 그리고 이 규모는 절제와 분리할 수 없는 상관관계가 있다는 것도 알아두면 좋겠다. 절제에 대한 부분은 성경(갈5:22-23)을 찾아서 한번 읽어보는 것도 도움이 될 것이다. 모든 선하고 아름다운 기능(talent)의 결론이 절제라는 사실에 대해서.

지금은 사회공동체에서 요구하는 기능의 역할도 달라졌다. 열심히 공부해서 중요한 기능을 감당하게 된 이들의 심성 또한 천차만별이다. 개중에는 삶의 태도에 진정성의 모범을 보이는 이들도 있지만, 그러나 때로는 그 성품의 터무니없음을 그대로 노출하는 이들도 흔히 볼 수 있다. 이는 자신이 처해있는 상황과 상태, 자신을 둘러싸고 있는 환경에서 모범을 보이려는 의지를 사용하지 않는다는 뜻이다. 마음을 다스리는 정심正心과 육肉(제멋대로 굴려는 생각과 몸)을 통제하는 수신修身의 훈련(배움)에 소홀한 사람들의 특징이다. 이들이 월등한 기능을 갖고 있다고 해도 성품이 그렇다면 그 삶의 길은 존경과 신뢰에서 멀어져 있다. 그러므로 이렇게 말해주고 싶다. 일생 우리가 덕을 세우는 배움에 게으르지 않아야하는 까닭은, 자신의 삶에 긍지와 가치를 더욱 튼튼하게 만들기 위해서라고. 한 걸음 더 나아가서 공동체에 보람과 기쁨과 유익을 주기 위함이라고. 사람이 자신에게 이 부분을 확인시키고 실천할 수 있게 되면 스스로의 존엄성에 대해서 언제든지 고개 끄덕여줄 수 있다. 비록 외형적 성취가 작더라도 그 작은 열매가 부끄럽거나 한탄스럽지 않다. 그러니까 열심히 공부하여 배우자. 시간이 많지 않다.

2

少年易老 難學成 一寸光陰 不可輕 未覺池塘 春草夢 階前梧葉 已秋聲
소년이로 난학성 일촌광음 불가경 미각지당 춘초몽 계전오엽 이추성

"소년은 늙되 학문을 이루기는 어렵도다. 잠깐의 짧은 시간일지라도 가

볍게 여기지 말지어다. 연못가의 들풀 아직 봄꿈에서 깨지도 못했거늘 섬돌 앞 오동 나뭇잎은 벌써 가을의 소리를 내는구나."

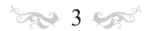

3

陶淵明詩云 盛年不重來 一日難再晨 及時當勉勵 歲月不待人
도연명시운 성년부중래 일일난재신 급시당면려 세월부대인

"젊음의 때는 다시 오지 않고 하루의 새벽 또한 다시 오지 않나니 마땅히 지금 학문에 힘쓰라. 세월은 사람을 기다려주지 않느니라."

4

荀子曰 不積跬步 無以至千里 不積小流 無以成江河
순자왈 부적규보 무이지천리 부적소류 무이성강하

"반걸음도 내딛지 않고 어찌 천리를 가겠는가. 실개천조차 흐르지 않는데 어찌 강과 하천이 만들어지겠는가."

맺는 말

다 써놓고 보니 미진하다. 닫히고 맺힌 마음의 문제를 풀어주고 싶었던 까닭이겠지. 감상주의가 많이 섞였다. 그래도 무릅쓴다. 이런 정서 표출이 건조한 세상, 기계적으로 움직이는 의식구조에 예상치 않게 뿌려진 분무기의 물기 정도로 여겨진다 해도 괜찮다. 이 습기라도 의지해서 그대의 눈과 귀와 혀와 마음에 덮인 먼지들이 닦아지면 좋을 테니까.

글의 구조가 낯선 것은 쓰면서 떠오른 시인의 상념을 다 수용했기 때문이다. 시중에 많이 나와 있는 책들의 형식에서 벗어나보려는 시도였다. 기독교적인 가치관이 많이 투영된 부분도 있다. 어떤 기독교 근본주의자가 이 책을 읽는다면, 그 부분을 범신론적인 접근이라고 트집할까. 그러나 시인은 유교를 종교로 여기지 않는다. 다만 조선시대 이후 우리 생활과 정신세계를 지배해온, 그 가치를 절대 가볍게 여길 수 없는 학문체계라고 인정할 뿐이다. 혹 어떤 이들이 유학儒學은 종교적 가치라고 주장한다면, 그들의 입장에서는 그게 인식의 바탕일 테니, 그렇게 여길 수 있다고 선뜻 동의하련다. 진정한 종교란 사람의 영혼을 구원할 근거가 있어야 한다(요한복음 3:16, 로마서 10:9~10)고 덧붙일 테지만.

편벽偏僻된 세상이 됐다. 치우침이 심하다는 뜻이다. 가치관에 혼동이 왔기에 그렇다. 삼가고 절제하는 부분을 찾기가 점점 힘들어진다. 이 특징은 특히 리더십을 발휘하는 자들에게서 더욱 두드러져 보인다. 힘을 휘두르기 위해서라면 저들은 염치와 수치조차 아랑곳하지 않게 됐다. 우리의 어린것들과 젊은이들은 이제 어디에서 모범을 볼 수 있을까. 그 모범의 뜻을 살펴서 정돈할 수 있기를 바라는 마음이 이 책을 쓴 동기다. 권력과 재력과 명예의 꼭두머리에 있는 이들은 정치인, 기업인, 종교지도자일 수밖에 없다고 말하면 어설픈 설정設定이 될까. 그러나 지금의 사회구조에서 그들의 언행심사는 영향력의 가장 큰 파급효과를 발생시킨다. 때문에 그 언행심사에는 신중한 분별력이 요구되고 있건만, 그 작태를 생각할 때마다 씁쓸하기만 하다. 치우쳐 있기 때문이다. 치우침은 염치를 아랑곳하지 않고, 상대를 배려하지도 않겠다는 극단적인 발상으로 말미암는다. 극단은 도덕적 우월성과 보편성이 배제된 것인데, 그러면서도 자신을 절대화하기 일쑤다. 이는 다 밝게 알도록 하는 훈육을 받지 못했거나, 받지 않은 까닭이다. 그렇다면 어떻게 이것을 극복해야 할까. 유학儒學에서는 언행심사의 중용中庸을 말하는데, 주자와 함께 성리학을 세운 정호는 "한쪽으로 '기울지 않음'이 중中이요, 그것(상태)에 '흔들림 없음(변함없음)'은 용庸이라. (그러므로) 중中이 곧 천하의 올바른 도이며 용庸은 곧 하늘 아래 정해져 있는 이치"라고 말했다. (不偏之謂中 不易之謂庸 中者 天下之正道 庸者 天下之定理불편지위중 불역지위용 중자 천하지정도 용자 천하지정리) 또 헬라철학에서 아리스토텔레스도 자신을 포함한 모든 사물과 대상을 대하는 태도에서 '알맞은 정도(mesotes)'의 거리를 요구한다. 델리의 아폴론 신전 입구에 새겨져 있었다는 '무엇이나 지나치지 않게'와 '너

자신을 알라'는 경구들 역시 사람은 스스로의 존재성에서 분수를 가늠할 수 있어야 한다는 뜻을 내포하고 있다. 여기에 더 분명한 사실 하나를 추가로 설명한다면 다음과 같다. 피조물인 사람이 극단에 치우치면서도 거기에 확신을 갖는 것은 보통 이상의 자기 인식을 바탕으로 한다. 보통을 넘는 생각과 행동을 할 수 있는 기능(talent)이기도 하다. 그러나 이 '달란트'는 창조주의 은사恩賜이다. 또 성경은 이 은사가 가장 아름다운 열매를 맺기 위해서는 그 행함(action)의 힘(power)이 반드시 필요한데 그렇더라도 이 행함에 '울림'과 '어우러짐'의 향기를 발휘시킬 수 있는 '절제'라는 장치가 더 상위가치의 결론이라고 말씀하고 있다. 모쪼록 우리가 이 사실을 늘 명심하고 있으면 좋겠다. 상대의 입장과 존재성을 더 많이 존중할 수 있는 그대는 아름다운 사람이기에 더욱 그렇다. 아무리 마땅치 않더라도 그 가슴의 두근거리는 소리를 들어주고, 또 그 들숨 날숨(살아가는 방식)을 받아(납득)들일 수 있는 힘을 키워나가는, 그렇게 만들어지는 아름다운 소통의 세상. 시인은 그런 사무사思無邪의 세계를 날마다 꿈꾼다는 말로 이 책의 큰 꼬리[大尾]를 그려 넣는다.

박정규

시인의 첫 저서는 젊은 날의 기고문집『Sacred Music에 관한 소고』이다. 문단 데뷔는 2000년『文藝思潮』를 통해서였고, 그 이후 시집『별은 아스피린이다』,『소프라노의 뜰』,『꽃 속에는 늘 그대가 있어』와 시론집『박정규의 시 쓰는 이야기』, 산문집『변심했던 아내를 기억함』 등이 발간됐다. 육체노동을 하면서 시 창작법 지도와 신학교에서 가르치는 일(종교심리학·교회론)을 겸하고 있다. 시창(詩窓) 동인이다.

시인이 들려주는 明心寶鑑 이야기

초판인쇄 | 2012년 3월 31일
초판발행 | 2012년 3월 31일

역   해 | 박정규
펴 낸 이 | 채종준
펴 낸 곳 | 한국학술정보㈜
주   소 | 경기도 파주시 문발동 파주출판문화정보산업단지 513-5
전   화 | 031) 908-3181(대표)
팩   스 | 031) 908-3189
홈페이지 | http://ebook.kstudy.com
E-mail | 출판사업부 publish@kstudy.com
등   록 | 제일산-115호(2000. 6. 19)

ISBN   978-89-268-3227-1 03150 (Paper Book)
        978-89-268-3228-8 08150 (e-Book)

이담 Books 는 한국학술정보(주)의 지식실용서 브랜드입니다.